시골의 진화

고향납세의 기적, 가미시호로 이야기

이 책은 2018년 대한민국 교육부와 한국연구재단의 지원을 받아 수행한 연구
입니다. (과제번호: NRF-2018S1A3A2075237)

서강대학교 SSK(Social Science Korea) 지역재생연구팀은 2018년 9월부터
교육부(한국연구재단)의 지원으로 한국과 일본의 지역가치 창업과 지역재생
을 연구하고 있습니다.

시골의 진화

고향납세의 기적, 가미시호로 이야기

구로이 가쓰유키 지음

윤정구·조희정 옮김

더가능연구소
THE POSSIBILITY LAB

목 차

2억 엔이 하늘에서
떨어졌다

뭐! 진짜? 이렇게 많이?

고액 복권에 당첨된 게 아니다. 정(町)*은 전혀 예상치 못한 큰돈을 갖게 되었다. 고향납세 제도가 시작된 지 5년째인 2013년의 일이다. 인구 5,000명 정도였던 홋카이도(北海道) 도카치(十勝) 지방**의 가미시호로정(上士幌町)에 기부 건수 1만 3,278건에, 총 2억 4,350만

---

*일본의 행정구역 단위는 '도도부현(都道府県) 시정촌(市町村)'이다. 일본말로 '초'라고 부르는 정(町)의 인구 기준은 도도부현에 따라 다르지만 보통 1만 명 내외의 지역이다. 이 책에서는 이해를 돕기 위해 정(町)이라는 표기보다는 (행정단위를 지칭할 때 외에는) '가미시호로' 혹은 '마을'로 표기했다. (역주)
**지방은 차별적인 의미가 있기 때문에 지역이라고 번역하고자 하였으나, 이 책의 논조는 그런 차별 상황을 분명히 하기 위해 더 의식적으로 지방이라고 표현하고 있으므로 그대로 살려 지방으로 표기했다. (역주)

엔의 기부금이 들어왔다(약 24억여 원). 이 금액은 홋카이도 최고 실적으로 전년도인 2012년에 비해 약 15배나 늘어난 규모였다.

방치되어 사라진 지방

전후 일본은 수도 도쿄를 중심으로 급격한 경제성장을 달성하며 기적이라고 할 만한 부흥기를 이어왔다. 1964년 도쿄올림픽을 기점으로 세계 대도시로 발전한 도쿄로 모여든 젊은이들로 인해 도쿄일극집중(東京一極集中)*사회가 되었고 그 과정에서 지방은 어느새 방치되어 사라진 모양새가 되어버렸다. 일본은 도쿄에 정치와 경제 등 일체의 공공기능을 집중시키며 엄청나게 성장했지만 동시에 무시할 수 없는 큰 대가를 치러야 하는 상황이 누적되었고 그 현실이 이제야 부각되고 있다.

역대 정부는 피폐해가는 지방에 대한 보상으로 도로 정비나―쓸데없는 건설이라고 비난받는―공공사업만 진행했고, 생활 인프라와 경제활동도 지원한다고 했지만 늘 고육지책만 제시할 뿐이어서 충분한 문제 해결은 이루어지지 않았다. '지방경제 재정비', '지방 활성화'와 같은 공허한 말들이 반복되는 말잔치만 이어졌으며, 특히 선거 직전에는 늘 이런 상황이 반복되었다. 실제로는 중앙과 지방의 경

＊일본에서는 도쿄로의 인구집중 현상을 보통 도쿄일극집중이라고 부른다. 그러나 '일극집중'이라는 표현은 우리에게 익숙하지 않으므로 이 책에서는 '수도권 집중'이라고 표기했다. (역주)

제 격차만 늘어날 뿐이었다.

절망적인 전쟁의 폐허 속에서 부흥을 서둘렀던 정부는 지방을 희생시켜서라도 수도권 집중을 우선적으로 진행할 수밖에 없던 것이었을까. 이제 와서 부랴부랴 지방을 활성화하겠다고 말하지만 지방에서는 '이제서야?'라는 푸념만 이어질 뿐이었다. 그마저도 더 이상 투덜거릴 힘도 없는 것이 지방의 실상이다. 고작 1년에 두어 번, 명절의 귀성 행렬을 통해서만 지방이라는 존재를 확인하는 정도에 머무를 뿐인 것이 현실이다.

추석에는 고시엔(甲子園)*을 개최하여 지방의 대표 학교를 응원하며 지방이라는 존재를 부각시키고 지방의 단결력을 보여주자고 하지만 그 대표 학교들조차 각 지방의 현청 소재지에 있는 강호 사립 학교들뿐이다. 그나마도 지역 학생이 아닌 다른 지역, 특히 도시의 야구 클럽 팀에서 연습하고 온 야구 유학생들이다 보니 고향 팀이라며 열렬히 응원하는 것도 조금은 맥 빠지는 일이 되어버린다. 모처럼 일 년에 한 번 야구를 즐길 때조차 중앙과 지방의 격차를 느끼게 되는 것이다.

전후 부흥의 대가를 떠안은 정부가 다시 한 번 지방창생**을 강조하며 시행한 것이 고향납세(ふるさと納税) 제도이다. 그 목적은 도시에 빼앗긴 활력을 피폐하고 체념에 빠진 지방으로 되돌린다는 것이

---

*일본고교야구전국대회. (역주)
**우리나라에서는 지방창생보다는 지방재생이 더 익숙한 표현이다. 다만 일본의 공식적인 정책 명칭이 지방창생정책이기 때문에 이 책에서도 그대로 표기했다. (역주)

다. 제도 도입 당시(2008년) 아키타(秋田)가 고향인 스가 요시히데 (菅義偉) 총무대신*은 피폐해진 지방을 걱정하며 니시가와 가즈미(西川一誠) 후쿠이현(福井県) 지사가 제안한 고향납세 아이디어를 채택했다.

스가 총무대신의 의지가 강하게 반영되어 있는 이 제도에 대해 기존 세금제도의 실정과 맞지 않는다는 비판도 많이 제기되었다. 이런 비판에도 불구하고 스가 총무대신은 고향납세 제도 도입을 단행하였고, 지금 겨우 제도의 효과가 나타나는 중이다.

홋카이도에서 제일 먼저 고향납세 제도를 도입한 곳은 가미시호로라는 작은 마을이다. 고향납세라는 말이 이제 막 등장했던 시기에 제일 먼저 제도를 받아들였다. 그 결과 2013년에 일본 전국에서 2억 4,350만 엔의 기부금을 받았다. 불과 세수가 6억 엔 정도인 마을에 2억 엔이 더 들어온 것인데, 2016년에는 그 몇 배의 금액이 들어와 21억 2,482만 엔까지 모였다. 가미시호로는 이 기부금으로 마을 활성화를 위한 독자적인 정책을 수립하기 시작했다.

고향납세 감사제

2018년 11월 25일, 도쿄 시바도쿄프린스호텔 2층 연회장은 다케나카 미쓰기(竹中貢) 정장(町長), 담당 직원, 관계자와 가미시호로에

---

*2008년 총무대신이던 스가 요시히데는 2020년 일본 총리가 되었다. (역주)

고향납세를 기부한 기부자들로 북적거렸다. 전날 가미시호로 주민이 상경하기 위해 모인 홋카이도 오비히로(帯広) 공항 로비에는 아침부터 웃는 얼굴과 긴장한 모습의 마을 공무원과 관계자로 넘쳤다. 굳건한 각오를 다지며 "가자! 도쿄로!" 하는 듯한 모습이었다.

문 앞에서 오전 10시 개장 시간을 기다리던 기부자들은 개장 알림 종소리에 맞춰 연회장으로 우르르 몰려 들어왔다. 매년 기부하며 이 날을 열렬히 고대하던 사람, 가족과 함께 온 사람도 있었다.

두 종류로 구분된 행사장에 답례품인 소고기, 아이스크림, 감자튀김 등이 있는 10종류의 시식 코너와 상담 코너 들이 설치되었다. 농업·임업·건설업 등 일자리 소개, 주거 상담, 창업 상담, 육아·어린이집 상담 그리고 선배 이주자가 경험을 들려주는 부스도 마련되었다. 담당 직원과 관계자들은 이주를 희망하는 사람들에게 친절히 응대했다.

오후부터 다른 행사장에서는 강연이 진행되었고, 강연장 입구에서는 에코백에 마을의 자랑인 홋카이도 아치교의 스탬프를 찍어 마이 백(My Bag)을 만들 수 있게 하고, 솔방울에 색색의 비즈와 천 조각으로 직접 미니 크리스마스트리를 꾸밀 수 있는 코너도 마련해 놓았다.

모든 참가자들은 함께 먹고 만들고 즐겼다. 다케나카 정장도 사람들과 행사장 곳곳의 모습을 보며 웃음 지었다. 말하자면 이날은 직원과 관계자들이 일 년에 한 번 마을 만들기에 힘을 보태준 기부자들을 만나 직접 감사를 표하고, 계속 함께하자고 다시 한 번 부탁하는 소중한 날이다.

다케나카 정장은 이들을 마을의 미래를 생각하는 사람들이라고
여겼다.

기부자와 어떻게 만날까. 기부를 받고 감사하는 데 그치는 것
이 아니라 앞으로 어떻게 만남을 이어나갈 수 있을까.

이렇게 지방과 관계를 이어가는 사람들을 관계인구라고 말한
다. 이들을 위해 마을 홈페이지도 만들었다. 마을을 알리고 흥미
를 갖게 하고, 이들이 보낸 기부금으로 진행한 일을 소개하며 오
늘처럼 생산자와 상공회의소 회원, 마을 공무원 들과 직접 만나는
등 더 좋은 관계를 이어가고 싶다.

이 자리에서 참석자들을 대상으로 한 설문조사도 진행했다. 감사
제 행사에 대해 95퍼센트가 만족한다고 응답했다. 이후에도 참가하
고 싶다는 사람은 99퍼센트에 달했다. 그 가운데 특히 흥미로운 결
과는 기부 지역으로 왜 가미시호로를 선택했는가 하는 질문에 대한
응답이었다.

답례품이 매력적이어서라는 응답이 46퍼센트였고, 그다음은 기부
금 사용 방법이 마음에 들어서가 19퍼센트로 나타났다. 가미시호
로의 기부금 사용 용도에 보육료 무료가 있기도 했지만, 무엇보다
19퍼센트라는 수치에는 저출산과 인구소멸 문제에 직면한 지방을
응원하고 싶다는 마음이 담겨 있었다.

고향납세 감사제 현장

시골의 진화

게다가 가미시호로가 좋아서라는 응답도 13퍼센트나 되었다. 그
중에 이런 의견이 있었다.

처음에는 답례품 때문에 이 지역을 선택했는데 알면 알수록 마
을의 매력에 빠져들었다.

가미시호로정 사무소는 고향납세를 시작으로 많은 문의에 응대
하는 담당 부서뿐만 아니라 누구라도 질문과 문의 사항에 응대할
수 있도록 정보를 공유한다. 즉 관공서에 흔히 있는 '전화 떠넘기기'
는 하지 않는다. 어쩌면 그런 전화 응대의 장점도 이 긍정적인 응답
수치에 포함되어 있을지도 모르겠다.

마을이 가장 관심을 갖고 있는 이주 희망 의사에 대해서는 20퍼센
트가 그렇다고 응답했으며, 가장 흥미 있다고 말한 정보로는 관광
이 가장 높게 나타났다. 이외에 일자리, 거주, 육아 지원, 생활체험
주택 등의 응답도 있었다. 설문조사만 놓고 보면 이미 모든 참가자
의 대부분이 관계인구 혹은 이주 예비군인 것이다. 70세 여성은 아
들 가족에게 도움이 될 것 같다고도 응답했다.

다케나카 정장은 기부자에 대해 이렇게 감사의 마음을 전했다.

5,000명 규모의 작은 마을에 연간 약 10만 명이 기부한다. 나
는 이 기부자들을 '관계인구'라기보다는 '응원인구'라고 부르고 싶
다. 마을 만들기 활동가는 5,000명의 가미시호로 주민들이지만

그들의 활동을 지켜보는 관중석에서는 10만 명의 응원단이 '가미 시호로 마을 만들기 힘내라'고 응원하고 있다. 응원단이 관중석에서 내려와 주민과 함께 활동가가 되는 것도 대환영이다.

2018년 연말을 앞둔 시점에 고향납세 실적은 이미 20억 엔에 달했다. 이 책은 인구감소 극복, 지역경제 활성화, 수도권 집중 해소와 같은 과제에 직면한 농촌지역 가미시호로가 지방창생이라는 목표 하에 '기적'적인 성공을 거둔 수수께끼를 다케나카 정장, 공무원, 관계자 등의 인터뷰와 현장 취재를 통해 풀어보고자 한다.

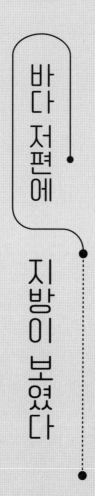

제1장

바다 저편에

지방이 보였다

지방이라는 시골

소년은 언제나 섬에서 바다 건너 20킬로미터에 걸쳐 이어진 능선을 보고 있다. 그곳은 홋카이도 북서부에 위치하는 도마마에군(苫前郡) 하보로정(羽幌町) 근처로 섬사람들이 지방이라고 부르는 곳이다. 지방(地方)이라고 쓰고 '지카타'라로 읽지만 동시에 지역 이름이다. 이곳 지카타보다 1만 5천 배 넓은 홋카이도도 섬사람들에게는 마찬가지로 상대적으로 지방이다.

소년이 사는 데우리(天売)섬은 면적 5.5제곱킬로미터, 섬 주위가 12킬로미터에 불과한 작은 섬이다. 지금은 300명 정도가 살고 있지만 예전에는 청어 잡이가 번성했다. 섬의 서북 연안에 이어진 절벽에는 바다까마귀가 번식하고 그 일종인 희귀새 오로론새(オロロン鳥)

가 서식하여 오로론섬이라고도 불렸다. 섬을 무대로 한 〈천국의 섬〉
이라는 노래도 있는 아주 작고 한가로운 시골 마을이다.

　정말 좋은 곳이다. 범죄도 전혀 없고 인적도 드물고 밤낮으로
대문 닫을 일도 없이 전부 개방된 섬이다. 나쁜 짓을 해도 도망갈
곳이 없으니까.
　바다가 거칠어지면 모든 어른들은 낮부터 술잔을 기울이고 그
옆에서 아이들은 용돈을 받아 가게로 달려간다.
　자유분방하고 모두 마음 풍요롭게 살았다. 관광자원과 천연
광물도 풍부했다. 그러나…

소년은 어린 시절의 다케나카 정장이다.

　이렇게 좋은 섬에 좋은 사람들뿐인데도 마음만 풍요로울 뿐 생
활은 변변치 못했다.
　훌륭한 자원에 둘러싸여 있는데도 왜 가난한 것일까?
　어린 마음에도 이런 소박한 의문을 계속 품고 있었다.

　섬에는 정시제(定時制) 고등학교*가 있었다. 중학교를 졸업하면

＊정시제 고등학교는 1948년 설치되었으며 야간 또는 그 이외의 정해진 시간 또는 기간
에 수업하는 학교이다. 당시에는 중학교 졸업 후에 경제적 이유나 취직 때문에 전일제 고
등학교에 진학할 수 없는 청소년들이 많았다. (역주)

동창생 50명 중에 5~6명이 섬 밖의 고등학교에 진학하고 그 외 지역의 정시제 학교에 가든가 바로 어부가 되든가 혹은 대부분 황금알(金の卵)*로서 도쿄 우에노 역(上野駅)으로 향했다.

그런 시대였다. 소년은 가난한 어부 아버지 밑에서 여섯 형제의 막내로 자랐다. 후에 섬을 나가 공립고등학교에 진학했지만 태어나서 처음으로 섬을 떠나 지방에 발을 내딛은 것은 초등학교 4학년 때였다. 이때 처음으로 증기기관차를 보았고, 제일 놀라고 감격했던 것은 소프트아이스크림이었다.

세상에 이렇게 맛있는 게 있다니!

그때까지 딱딱하게 얼어서 겉에만 단맛과 향기가 도는 아이스케이크밖에 먹어보지 못했던 소년에게는 꿈같은 맛이었다.

지금까지도 그 부드럽게 녹는 식감과 맛은 잊을 수 없다. 증기기관차가 연기를 내뿜으며 터널에서 나오면 얼굴이 새카매지던 일도 신선한 기억으로 남아 있다.

당시 다케나카 소년에게 마을의 문화적인 분위기는 너무도 생생한 체험이었고, 이때의 체험을 바탕으로 훗날 정장으로서 고향창생

---

*황금알은 '장래성 있는 젊은 인재'를 의미하는 일본식 표현이다. 주로 1960년대 전반에 형성된 대규모의 중졸 구직 집단을 가리켜 유행한 말이다. (역주)

에 도전할 수 있는 힘을 갖게 된 것인지도 모른다.

수도권 집중과 지방 소멸

전후 일본은 놀라운 경제성장과 부흥을 달성했다. 그 배경에는 지방에서 도시로 일자리를 찾아 또는 동경하는 도시 생활에 희망을 품은 사람들의 이주 물결이 있었다. 취직하기 위해 시골에서 도쿄 우에노 역에 내린 황금알들은 그 후에 진행된 고도경제성장을 떠받치는 큰 원동력이 되었다.

말하자면 전쟁으로 인해 '불타버린 평야'에 불과했던 도쿄가 세계 대도시로 발돋움할 수 있었던 것은 지방에서 '흘러들어 온' 사람들의 힘 때문이었고 이들이 바로 일본 기적의 원천이었다. 그런 일본 부흥의 주역인 황금알들은 도시에서 어떤 삶을 보냈을까.

일하면서 정시제 고등학교에도 다녔지만 도시에서 화려한 삶을 살았다는 이야기는 듣지 못했다. 경제성장과 함께 물가가 오른 도쿄에서 비싼 월세를 지불하면서도 프로야구를 관전하거나 가부키(歌舞伎, 일본의 고전 연극의 하나)를 보며 즐거워했을까? 아무리 생각해도 그렇게 살았을 것 같지 않다.

다케나카 정장은 옛날 동료의 일을 생각하며 전후 일본을 되돌아본다.

단카이(団塊) 세대*의 은퇴와 동시에 지금은 고향회복운동이라는 제2의 고향 찾기 움직임이 시작되고 있다.

섬을 떠나와 지금까지 보낸 삶을 되돌아보면 우선 목표는 어떻게든 살아남기였다. 부모님에게 부담을 주지 않으려면 스스로 학비를 벌어서 해결해야 했고, 기숙사에서 인간관계를 배우고 공부해야 했다. 고된 상황에 직면하면서 빠듯하게 살기만도 어려웠다.

꿈을 품고 우에노 역에 내린 이들에게 도시의 경제성장이 준 선물은 모두에게 균등하지 않았다. 약육강식의 세계 속에서 내팽개쳐지지 않기 위해 계속 앞만 보고 달리며 살 수밖에 없었다. 그런 분위기는 일본 산업구조에도 변화를 주었다. 젊은이들이 빠져나간 지방에는 후계자 부족 문제가 확산되기 시작했고 농업과 같은 1차산업의 미래에는 어두운 그림자만 드리워져 있었다.

확실히 농기계 등에 의한 생산기술 발전이 인력 부족 해소에 기여했지만 그것만으로 모든 문제가 해결되었다고 말하기는 어려웠다. 후계자를 포함하여 젊은이의 유출은 세대 간 균형을 깨뜨려버렸다. 사소한 일일지 몰라도 노인들이 지붕에 쌓인 눈을 치우는 것조차 어려워지는 등 생활 속에서 바로바로 문제가 나타났다.**

이렇게 도시성장의 그늘에 가려진 지방 과소화 흐름 때문에 농업

---

*일본의 전후 세대. (역주)
**일본 북부에 위치한 홋카이도는 연평균 적설량이 3미터로서 많게는 6미터 넘게 눈이 내리기도 한다. 그래서 지역마다 눈 치우기는 매우 중요한 문제이다. (역주)

뿐만 아니라 마을의 미래도 흔들릴 수밖에 없었다. 그것이 지금 일본이 직면한 가장 큰 문제가 된 것이다.

한편 그런 일들과 상관없이 도쿄는 계속 팽창하기만 하는 별개의 존재였다. 수도권 집중도 도쿄로 모여든 사람들의 열기로 인한 갑갑함에서 이루어진 것이다. 출퇴근의 번잡함을 피하기 위해 유연근무시간제를 도입한 지 오래되었지만 도시 거주자 수는 이미 한계를 넘었을 뿐만 아니라 여전히 팽창을 거듭하고 있다.

총무성에 의하면 수도권 1도(都)* 3현(県)에서 전입자가 전출자를 웃도는 전입초과 규모는 2018년에만 14만여 명이어서 전년도인 2017년에 비해 1만 4,338명이 늘었다. 2014년에 정부가 제시한 '2020년까지 인구 유입 유출의 균형을 맞추자'라는 목표는 달성하기 어려운 상태이고 지금도 여전히 수도권 집중 현상은 계속되고 있다.

예를 들어 2011년 동일본대지진 때문에 귀가 난민이 생겼다. 자연 재해뿐만 아니라 대중교통에서 사고가 나면 순간적으로 수도권 기능은 마비되고 그 상태가 길어지면 공포스러운 상태로 이어질 수밖에 없다.

이미 대설이 내린 아침과 통근 시간대에 전차가 멈추면 기차역에 사람이 넘쳐나 입장 제한을 하는 것은 익숙한 상황이 되어버렸고 그런 비상사태에 무덤덤해지는 것 또한 대단히 무서운 이야기이다. 물론 도쿄의 인구가 반으로 줄어든다고 해서 피난과 구조, 혼란이 보

---

*도쿄도(東京都).

다 적게 나타난다고 말할 수도 없겠지만 말이다.

옹색하나마 지금의 현실을 그대로 인정하고 어떻게든 조화롭게 살 수 있는 방법을 모색한다한들 과연 어느 정도까지 이런 현실을 참아야 할까. 아무리 재난방재 지식을 몸에 익히고 행정기관이 만반의 준비를 하고 있다 해도 전혀 예측할 수 없는 자연의 위협에 잘 대응하기도 어렵고 이런 위기 상황에 대비해야 한다는 의견들이 들릴 때면 숨이 막힐 지경이다.

물론 도쿄가 고향이어서 가족 대대로 살아온 이들도 있을 것이기 때문에 그들이 지방을 폄훼하고 있다고 일방적으로 비난하려는 것은 아니다. 오히려 그들은 그들대로 자신들의 고향인 도쿄에 일본 전국에서 단기간에 너무 많은 사람들이 몰려와서 일상생활이 불편해진 피해자일 수도 있다. 원래 도쿄에 살고 있던 사람들로서는 '도쿄가 아닌 다른 어떤 곳'이라는 선택지조차 없는 상황이었을 것이기 때문이다.

요즘에는 '풍요로움이란 무엇인가'라는 논의와 함께 단순히 경제적 가치 우선주의가 아니라 정신적인 여유를 원하는 풍조도 생기고 있다. 도시 젊은이들이 U턴, J턴이라며 도시의 숨 막힘을 거부하고 고향으로 돌아가는 움직임도 있다.* 그렇다고 이들이 결코 도시에서 갈 곳이 없기 때문에 무조건 시골로 도망치듯 돌아가는 것은 아

---

*도시와 농촌 사이의 이동은 U턴, J턴, I턴 등 세 가지로 구분한다. U턴은 고향→도시→고향으로 이동, J턴 고향→도시→다른 지역으로 이동, I턴은 도시→지방으로의 이동을 의미한다. (역주)

시골의 진화

니다.

한편 도시에서 배우고 지방에 돌아와 경험을 살려 생활하고 싶어도 받아주는 곳이 없어서 하는 수 없이 그대로 도시에 남는 사람도 적지 않다. 도시의 대학에서 배우고 귀향하여 일자리를 찾는다 해도 지역 금융기관, 지역 업체, 지역 공무원, 지역 교사 등의 일자리 자체가 많지도 않거니와 이미 그 고용 규모는 정해져 있는 것이기 때문에 어쩔 수 없이 도시에서 살게 되는 경우도 있다.

다케나카 정장은 이런 일본의 현실 속에서 지방의 가능성과 존재 의식을 바라보며 확실한 미래를 믿고 도전하는 데 한 치의 망설임도 없었다.

지방에는 일자리가 없다고 자주 말하지만 농업을 시작으로 의료간병, 제조업, 운송업 등의 분야는 늘 인력이 부족하다. 앞으로 일본은 5G 시대를 맞이하여 지방에서도 일할 수 있다는 분위기로 바뀌고 있고 이미 여유로운 환경에서 ICT로 원격근무하는 것을 원하는 사람도 있다. ICT를 통해 위성사무실을 연 사례도 있다. 시골에는 '아무것도 없다'고 하지만 '없다'는 것도 자원이다. 우리 마을에는 국철 시호로선이 폐선된 자리에 콘크리트 아치 다리가 남아 있는데 당시에는 거대한 산업폐기물일 뿐이었지만 지금은 홋카이도 유산으로서 인기 관광지로 주목받고 있다. 경우에 따라서는 '없다'는 것도 가치를 만들어내는 것이다.

슬로우 사회

다케나카 정장은 이렇게 말한다.

도시와 지방은 대척점에 있다. 도시도 지방도 저마다 역할이 있고 지방은 풍부한 지역자원을 이용해 도시에 없는 것을 제공하며 공생관계를 이룰 수 있다.

즉 지방에는 지방 나름의 살아가는 법이 있으니 무리하게 도시처럼 되겠다는 목표를 정하지 않아도 된다는 것이다. 오히려 '도시의 스피드 사회와 지방의 슬로우 사회의 공생'을 목표로 해야 한다고 말한다.

도쿄는 365일 24시간 내내 경제와 정치가 움직이고 시간에 쫓기는 삶을 살아가는 사회이며 그렇게 계속해도 앞으로의 국제사회에 발맞추어 가는 것이 어렵다. 그러나 가미시호로는 시간과 함께 살아가는 사회이다. 봄에 씨를 뿌리면 일정 기간이 지나야 수확할 수 있다. 빨리 키우려고 물을 잔뜩 주면 작물은 죽고 만다. 즉 속성재배방법을 강요하지 않는다. 대척점에 있는 도시의 스피드 사회와 가미시호로의 슬로우 사회가 서로 끌어당기며 사람과 물건을 교류할 때 마을이 활기를 띠게 되는 것이다.

지방의 웅대한 자연 속에서 충분한 시간과 노력을 들여 수확한 신선한 작물은 스피드 사회에 지쳐 심신이 피로한 도시인에게 힐링이 된다. 대척점에 있는 당사자가 서로의 '있음'과 '없음'을 나눠가면서 계속 활기 넘치는 사회를 만들 수 있는 것이다.

이렇게 도시와 지방의 교류가 생기면 이주자도 관광객도 아닌 지역과 다양하게 관계하는 사람이 나온다. 친인척 관계 등 그 지역에 인연이 있는 사람, 고향납세 기부자, 도시에서 생활하면서 마을과 협동하여 지역 사업에 참여하는 사람들, 즉 관계인구를 늘려 마을 활성화를 도모할 수도 있다.

천만 명의 도쿄 도민 가운데 1만분의 1인 1,000명이라도 좋으니 가미시호로에 관심을 갖게 할 순 없을까. 그렇게만 되면 마을은 활기를 띨 것이다. 그것이 가능하도록 지혜를 만드는 것은 행정기관의 몫이다.

없는 것을 무리하게 쥐어짜낼 필요는 없다. 지금 있는 그대로 마을의 특성을 살린다면 지방창생은 충분히 가능하다고 말하고 있는 것이다. 그러나 그렇게 생각대로 간단하게 되지 않는 것이 정치여서 지방은 여전히 피폐해지고 있다.

지방창생만 기다릴 수 없다

역사적으로 보면 도쿄로의 집중도 필요했을 수 있다. 에도(江戶)시대*에는 약 3백여 개의 번(藩)이 있었고 독자적인 문화가 융성했다. 그러나 메이지(明治)시대**에 들어서 일본이 서양과 어깨를 겨누기 위해서는 도쿄에 기능을 집중시킬 필요가 있었을 것이다.

일본은 그로부터 150년 동안 전쟁 때문에 경제활동이 멈추기도 했고 재생불능의 피해도 입었지만 그 후에 세계에서 경험할 수 없었던 복구와 부흥도 이루었다. 그 뒤에 남은 숙제 중의 하나가 바로 수도권 집중과 지방 피폐를 동반한 지역 간 격차 문제였다. 이는 인구문제에 부수적으로 따라오는 여러 문제 중의 하나이지만 그렇다고 문제 해결을 계속 미룰 수도 없다. 지방창생만 기다릴 수 없는 시대가 된 것이다. 다케나카 정장도 지방 책임자의 한 사람으로서 이런 위기감을 가지고 있다.

지방으로 가는 사람의 흐름을 재생하지 않으면 일본은 망한다.
지방에는 각각 매력이 있는데 그런 지방이 활기를 띠지 않으면 절대로 일본은 일어설 수 없다.

지금, 특히 지방이 고민하는 것은 인구감소 문제인데 이 상태로 이

---

* 1603~1867년의 봉건시대. (역주)
** 1868~1912년의 근대화시대. (역주)

어진다면 전국 1,743개의 시정촌의 절반이 소멸할 것이라고 예견한 보고서도 있다. 경제계와 학계의 전문가들로 구성된 일본창성회의·인구감소문제 검토분과회[회장 마스다 히로야(増田寬也)]가 2014년에 발표한 통계에 따르면 전국 900개의 지자체에서 출산 가능한 20~39세 여성 인구가 2010년부터 30년간 50퍼센트 이상 감소한다고 한다.* 이 지자체들을 소멸가능성 도시라고 부르며 장래에는 없어질 가능성이 있다고 경고한다. 행정서비스를 제공받지 못할 가능성이 있기 때문이라는 것이다.

실제로 사망률에서 출생률을 뺀 자연 감소도, 전출자에서 전입자 수를 뺀 인구감소도 대부분 지방을 중심으로 발생하고 있다는 것을 고려하지 않은 채, 출산율이 조금 개선되더라도 유출되는 인구를 멈추지 못한다면 소멸 가능성은 당연하게 남아 있는 상태이다. 마스다 보고서는 위기감을 자극하면서 수도권 전입자의 95퍼센트가 29세 이하라는 데이터를 근거로 제시한다.

> 출산에 제일 영향이 있는 세대가 모이는 도쿄가 결혼, 출산, 육아에 신경 쓰지 않고 있다. 이 구조를 고치지 않으면 인구감소를 막기 힘들다. (마스다 보고서)

---

*마스다 보고서 때문에 진행된 일본의 지방 소멸 논쟁에 대해서는 류석진·윤정구·조희정 역. 2020. 『마을의 진화: 산골 마을 가미야마에서 만난 미래』. 서울: 반비, pp. 146-147 참조. (역주)

가미시호로의 다케나카 미쓰기 정장

시골의 진화

이 보고서는 기업의 지방 이전, 이주자에 대한 시험거주, 마을 중심부에 모든 기능을 집약하는 콤팩트 시티(compact city) 추진을 대안으로 제시했다.

지방창생의 성공 여부는 각 지자체의 아이디어에 달려 있다. 어떻게 지역자원과 인재를 연결할 수 있을까에 대해 생각해야 한다.
(마스다 보고서)

마을이 감소한다는 것은 회사로 말하자면 도산을 의미한다. 아니 그냥 있는 그대로 말하면 소멸이기 때문에 그 이상의 비극이 될지도 모른다. 주민이 재산을 몰수당하고 거리에 나앉거나 생명에 위협받을 일은 없겠지만 자신이 나고 자란 고향이 없어지는 것이다. 상상하는 것만으로도 숙연해지는 충격적인 일이다. 가미시호로도 '소멸가능성 도시'에 포함되어 있다.

제2장

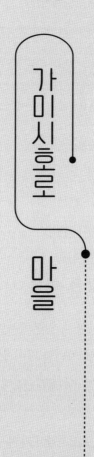

가미시호로

마을

사람보다 소가 많은 마을

한때는 임업이 주산업이었던, 일본에서 제일 넓은 다이세츠산(大雪山) 국립공원 동쪽 기슭에 자리한 가미시호로는 웅대한 산들로 둘러싸여 있으며 마을 총면적 696제곱킬로미터의 약 76퍼센트가 삼림이다.

도카치 미쓰마타(十勝三股) 지역이 가미시호로의 중심 지역인데 이곳에는 옛 국철 시호로선의 도카치 미쓰마타 역이 있었다. 당시에는 홋카이도에서 최고 높이(661미터)에 위치한 산림철도였다. 삼림을 관리하는 지방행정기관인 영림서(營林署)가 역 뒤에 목재 적치장을 설치하여 목재가 산처럼 쌓였고, 그곳에서 본선까지 목재를 화물 운송하는 삼림철도도 운행했던 임업 번창 지역이었다.

가미시호로 인구는 1955년대 전반에 1만 3,600명 정도였고 도카치 미쓰마타 지역에만 2,000명이 살았지만 점차 산업이 변하면서 임업이 쇠퇴하고 철도가 폐선되고 인구가 유출되면서 마을 전체 인구도 감소하였다. 한편 기적적인 전후 부흥을 이룬 도쿄에서는 고도경제성장이 시작되어 올림픽 개최가 결정되었고 지방에서 일자리를 찾아 또는 새로운 일본의 미래에 꿈을 품은 젊은이들이 전국에서 대거 몰려들었다.

가미시호로는 살아남기 위해 이제까지 주업이었던 임업에서 밭농사를 중심으로 한 농업으로 전환하기 시작했다. 토양과 한랭기후 때문에 논농사보다 밭농사를 선택할 수밖에 없었다. 가미시호로 농업협동조합(JA 가미시호로)의 오구라 시게토시(小椋茂敏) 조합장은 당시의 모습을 이렇게 회고한다.

현재 조합원은 175명이지만 당시 제일 많았던 때는 600명의 조합원이 있었고 지금보다 3배 이상의 농가가 있었다. 그 대신 각 세대는 10~15헥타르의 농지에서 소규모로 감자, 비트, 콩 등을 재배했다. 도카치 지역은 지금도 감자와 팥 등의 일본 최대 생산지이지만 가미시호로는 도카치 지역에서도 북부 산간에 위치하기 때문에 다른 곳에 비하면 기온이 2~3도 낮고 농업을 하기에 적절하지 않은 곳이다.

오비히로(帯広)와는 40킬로미터 떨어져 있는데 연평균 기온이 2~3도 낮으면 농사 수확에도 큰 영향을 받는다. 지금은 지구온

난화가 큰 문제이지만 이곳에서는 오래전부터 냉해가 빈번했다. 한번 냉해를 맞으면 작물 피해가 너무 컸다.

　매해 반복되는 냉해와의 싸움에 지쳐 마을을 떠나는 사람과 후계자 문제로 그만둔 사람도 적지 않다. 냉해에 강한 품종개량과 연구·대책을 궁리하면서 이 땅에서 계속 노력해왔다. 한편 낙농업으로 전환하는 농가도 늘기 시작했다. 낙농업은 기온과 날씨에 크게 좌우되지 않고 원래 있던 광대한 토지를 이용할 수 있어서 지금은 마을의 기간산업이 되었다.

　오구라 조합장도 고등학교 졸업 후 다른 마을에서 낙농 수업을 받았고 이후에 3대를 이어 가업을 이어오고 있지만 오구라 조합장의 할아버지는 밭농사를 하며 트랙터를 대용할 수 있는 농경용 말을 사육했다. 오구라 조합장의 아버지는 밭농사에서 낙농업으로 전환했다.

　지금 마을에서 농업에 관련된 사람들 중 71개 가구가 밭농사가 전업이지만 그다음으로는 우유, 육우, 축산을 한다. 농가들이 살아남기 위해 큰 고생을 해왔지만 지금은 홋카이도에서 제일 큰 농업법인도 생겼고 가미시호로의 낙농 생산량은 전국 최고 수준이 되었다. 1가구당 생산량도 전국 평균 이상이다.

　임업 쇠퇴, 냉해와 마주하면서도 끈질기고 강하게 밭농사를 하고 낙농업도 발전시키며 마을의 모습이 달라졌다. 현재 마을에는 4만 두의 소가 있다. 전국 지자체들이 본다면 믿을 수 없는 모습이라며 놀라는 가미시호로. 미미하나마 인구가 증가하고, 소도 더욱 늘고 있다. 그러나 불과 3년 전까지만 해도 인구감소가 지속되던 상태였고 마을의 미래에 대한 불안은 항상 주변을 맴돌았다.

합병이냐 자립이냐

1995년 「지방분권일괄법」에 의해 「합병특례법」이 개정되었다. 이른바 '헤이세이(平成)* 대합병'을 실시한 것이다. 2000년, 정부는 시정촌 병합을 통해 지자체 수를 1,000개로 조정한다는 방침을 발표했다. 당시 총 지자체수는 3,252개였다. 정부는 합병 지자체에게 많은 재정 지원을 약속했다. 지방채의 하나인 합병특례채는 대상 사업비의 95퍼센트로 충당하고 원리상환금의 70퍼센트를 차년도 보통교부금으로 충당하는 파격적인 조건을 내걸고 합병을 촉구한 것이다.

한편으로는 삼위일체 개혁으로서 지방교부세 대폭 삭감도 제시했다. 지방교부세 의존도가 큰 소규모 지자체로서는 큰 타격을 입을 것이 뻔했다. 어떻게든 자립을 이어가며 활기를 되찾고자 노력하는 지자체에게 '합병하지 않으면 용돈을 줄일 거예요'라는 식의 말로 악

_____

* 헤이세이는 1989~2019년까지의 시기이다. (역주)

마의 속삭임을 건넨 것이다. 당근과 채찍을 동반한 합병추진정책이었지만 이 정책에 의해 일본 전국의 지자체가 합병이냐 자립이냐의 선택의 기로에 내몰렸다. 재정 불안을 떠안은 지자체는 대부분 합병을 선택할 수밖에 없었다.

내가 정장이 된 2001년은 '헤이세이 대합병'이 정점으로 치닫던 시기였다. 결국 전국 3,300개 정도의 지자체를 1,700개까지 줄이던 상황이었지만 가미시호로는 합병을 선택하지 않았다.

700제곱킬로미터 정도 넓이의 우리 마을은 도쿄 23개구(區) 넓이보다 조금 작은 정도였는데 다른 시정촌과 합병되면 1,000제곱킬로미터를 넘게 된다.

합병 목표를 행정비용 삭감이라고 보았을 때 그 정도의 면적을 관리하려면 주민 서비스 저하와 지역 쇠퇴는 불 보듯 뻔했다. 그래서 간단히 합병한다고 결정할 수 없었다.

인구 5,000명의 마을이 어떻게 살아갈 수 있을까. 주민과 논의를 거듭하여 재정 모의실험을 하고 미래 계획도 만들어보면서 다각도로 검증해보았다.

합병은 결국 성 뺏기 싸움 같아서 성이 어느 마을에 있게 될지 판단하는 게 중요하다. 어디에 본청을 두고 어디를 지소로 만들 것인가를 결정해야 한다. 지소가 된 쪽은 처음에는 직원 규모도 그에 맞게 배분되겠지만 시간이 흐르면 직원도 줄어들어 결국 피폐해진다.

즉 합병이란 성 아래 마을이 될 것인가 말 것인가를 선택하는 것이기 때문에 본청을 떡하니 차려놓은 성 윗마을이라면 합병을 선택하지 않을 수도 있지만 대체로 대등한 합병은 있을 수 없다. 예를 들어 중심 시가지가 2개가 있는데 합병되면 언젠가는 한쪽으로 몰리게 될 것이다. 따라서 재정 지원이라는 말에 솔깃해서 덩달아 춤출 수는 없는 상황이었다.

합병 후의 후유증을 생각하면 찬성할 수 없었다는 것이다. 이미 시대도 행정기관이 주민에게 서비스를 일방적으로 제공한다고 말할 수 있는 시대가 아니게 되었다.

우왕좌왕하면 안 된다. 이미 경제, 환경, 주민이 참여하는 자원봉사, 도시와 교류, 관광 등을 목표로 하는 마을의 미래 모습도 그려놓았다.

결국 정부 정책을 거부하고 자립을 선택했지만 그렇게 되면 이제까지 받았던 지방교부세를 못 받게 되는 것이기 때문에 결코 쉽게 선택할 수 있는 길은 아니었다. 그러나 회의를 계속하면서 주민들도 새로운 자립의 길을 선택하겠다고 했기 때문에 다케나카 정장의 책임은 더욱 막중해졌다. 아직 고향납세 제도를 구상조차 하지 못하던 때였다. 부임한 지 얼마 안 된 다케나카 정장 체제의 과제는 늘어만 갔다.

바로 시작한 것은 재정 축소에 따른 주민 서비스 저하를 막기 위해 담당자를 모집하는 것이었다. 다케나카 정장은 주민의 마을 만들기 참여를 예전부터 독려해왔고 한층 더 필요한 것이라고 생각하여 마을 만들기 담당자가 자원봉사와 NPO 활동을 지원하는 어댑터 프로그램(Adaptor Program)*도 만들었다.

(경제, 환경, 주민이 참여하는 자원봉사, 도시와 교류, 관광 등) 5개 부문의 미래상을 하나로 그리는 '도시와의 교류'도 진행하기 시작했다. 인구가 줄어도 경제 활성화를 위해서는 교류인구와 관광객 맞이가 중요하기 때문에 이주정책도 열심히 진행했다. 지자체로서는 발 빠르게 트위터와 블로그도 시작했다.

전국에서 두 번째로 마을 블로그를 개설하였고 다케나카 정장 스스로 매일 게시물을 올리면서 마을을 홍보했다. 30년 전 교육위원회 시절에 당시 이제 막 세상에 나온 워드프로세서를 손에 넣고 사회교육계획을 책자로 정리한 경험이 있어서일까. 이러한 다케나카 정장의 추진력과 고집에 놀라움을 금할 수 없다.

'돈이 많지 않아도 지방에서 풍요롭게 살 수 있다'는 메시지를 중심으로 농산물을 그대로 출하하지 않고 부가가치를 낼 수 있는 6차 산업화 등을 통해 상품 개발을 장려하는 사업도 이미 착수했다. 이

---

*어댑터 프로그램은 시민과 행정기관이 협동하여 진행하는 새로운 마을 만들기 프로그램이다. (역주)

는 후일 고향납세 성공에 크게 영향을 주는 정책의 하나가 되었다.

이주와 물품 판매 대상으로 설정한 것은 가미시호로 같은 농산촌과 대척점에 있는 도시 주민이었다. 도시와의 연결고리로 ICT를 적극적으로 활용했다. 이처럼 시간을 들여 만든 사람, 물건, ICT라는 세 개의 세트도 고향납세에 영향을 미친 요소가 되었다.

숫자로 보는 마을의 흐름

가미시호로가 고향납세로 받은 교부금은 크게 탄력을 받아 홋카이도 1위를 한 2013년에 그 액수는 2억 4,350만 엔이고, 기부 건수는 1만 3,278건이었다. 전국 3위를 한 2014년에는 9억 7,475만 엔, 5만 4,648건이었고 처음으로 두 자릿수 액수를 기록하며 홋카이도 3연패를 한 2015년에는 15억 3,655만 엔, 7만 5,141건이었다. 최고액을 달성한 2016년에는 21억 2,482만 엔, 9만 5,183건이었고 답례품은 기부금의 30퍼센트라는 원칙을 우직하게 지켰음에도 불구하고 2017년에는 6억 6,693만 엔, 8만 8,116건이나 달성했다.

전국 지자체가 도미노처럼 붕괴하는 인구감소 속에 증가를 보인 가미시호로의 인구 추이지만, 반세기 이상에 걸쳐 처음에는 눈사태처럼 그러다가 10년에 걸쳐 계단을 한 계단씩 내려가는 것처럼 인구가 감소하여 동일본대지진이 일어난 2011년에는 5,153명에서 2013년에는 5,012명으로 5,000명 선이 깨지는 것을 어떻게 막았지만 2015년 2월말에는 최저치 4,879명까지 떨어졌다.

그러나 2015년 4월부터 시작한 보육료 일부 무상화 제도에 힘입어 4,944명까지 회복했고 2016년 4월부터 보육료 완전 무상화가 시작되자 갑자기 증가세로 돌아섰다. 2018년 4월에는 5,000명대를 회복하여 한 계단씩 올라가 그 증가 수치는 매해 반년에 30명 정도 수준에 이르게 되었다.

인구의 자연 감소*를 피할 수 없는 현실 속에 그것을 웃도는 사회적 증가**라는 이례적인 현상도 나타났다. 예를 들어 2016년 사회적 증가(전입) 72명, 자연 감소(사망) 41명, 자연 증가(출생) 31명, 2017년 사회적 증가 101명, 자연 감소 30명, 자연 증가 72명, 2018년 사회적 증가 62명, 자연 감소 50명, 자연 증가 12명이 되었다. 주목할 만한 것은 젊은 세대의 전입과 수도권으로부터의 인구 유입에 의한 사회적 증가가 이루어졌다는 것이다.

전입자 전체에서 20~40대가 차지하는 비율은 2016년 84.3퍼센트, 2017년 83.8퍼센트로 꽤 높은 비중을 차지하고 있다. 젊은이의 전입으로 인해 고령화 비율도 약간씩 줄어들기 시작했다. 수도권에서 온 사회적 증가는 2016년부터 2018년 동안 80명이 되었고 출산율도 2017년에는 1.7명으로 서서히 늘기 시작했다.

마을사무소의 이주 상담 원스톱 창구의 안내를 통해 이주한 이주자로 한정해서 보면 대부분 한 자릿수였는데, 2013년에 10세대 21

---

*자연 감소란 취업, 진학, 이주와 같은 사회적 요인이 아닌 생로병사의 필연적 이유 때문에 발생하는 인구감소 현상을 의미한다. (역주)
**사회적 증가란 생로병사와 같은 자연적 이유가 아니라 진학, 취업, 이주 등 사회활동에서 발생하는 이유 때문에 인구가 증가하는 현상을 의미한다. (역주)

명을 시작으로 9세대 15명, 6세대 14명, 2017년에는 9세대 21명으로 안정적인 두 자릿수 실적을 올렸다. 이주 예비군인 실험주택에서 생활체험을 한 사람은 2013년 36세대 102명, 이후 37세대 94명, 42세대 83명, 63세대 151명, 56세대 157명으로 늘었다.

한편, 가미시호로에는 이러한 수치만으로는 파악하기 어려운 마을 자원도 있다. 자연·산업·관광자원은 홋카이도와 일본, 세계에도 통하는 수준이다. 자원을 되살린 방법 중의 하나로 다음에 소개할 내용은 고향납세 이후, 더 한층 많은 사람들에게 강력한 인상을 줄 수 있는 지역으로서의 존재감을 드러내고 있다.

애드벌룬의 고향

1969년, 일본에서 처음으로 홋카이도에서 열기구(이하 애드벌룬)가 비행했다. 이어서 일본애드벌룬연맹이 발족되고 1974년에는 제1회 애드벌룬 페스티벌이 가미시호로에서 개최되었다. 1976년 제3회 때에는 국내 최초 애드벌룬 경기대회도 열려 가미시호로는 애드벌룬의 고향으로서 애드벌룬 팬들 사이에서 친근한 지역이 되었다.

2018년 8월, 45회를 거듭한 홋카이도 애드벌룬 대회에는 일본 전국의 애호가 클럽과 대학 동아리 35팀이 참여하여, 시내에서 서쪽으로 2킬로미터 떨어진—지금은 애드벌룬의 성지라고 말하는—가미시호로 항공공원에 집결했다.

대회장에는 경기에 참가하는 팀원 외에도 많은 애드벌룬 팬들이

도내외에서 몰려들었다. 도카치 대평원을 무대로 푸른 하늘에 펼쳐진 애드벌룬 풍경은 도카치의 명물이기도 하다. 이 행사가 개최될 때에는 마을 주민 수의 몇 배의 사람들이 몰려들었다.

대회장에는 도카치가 자랑하는 식재료를 사용한 노점, 가옥을 연결한 토산품 선물 판매, 수작업 공예체험도 있었고 가족을 데리고 온 사람도 눈에 띄었다. 상공에 떠 있는 애드벌룬을 밑에서 보는 것만 아니라 실제로 탑승하여 지상 30m에서 대지를 내려다보는 묘미도 체험할 수 있었다. 애드벌룬의 바구니 안에서 버너 소리와 열기를 느끼면서 하늘을 나는 경험은 도심의 놀이공원과 비교해도 지지 않을 만큼 역동적이다.

마을이 소유한 애드벌룬의 하나인 시호로 3호는 바구니에 탑승하고 내리는 문이 개폐식이라 휠체어도 들어갈 수 있어서 누구나 편리하게 탈 수 있다. 3일간 진행된 이 대회의 메인 이벤트는 비행 경기 (task flight)이다. 상공의 애드벌룬에서 던진 마커라는 모래주머니가 지상의 목표에 얼마나 가깝게 떨어지는지를 경쟁하는 경기이다.

야간에 열리는 애드벌룬 글로우도 반드시 보아야 한다. 활동적인 한낮의 경기와는 대조적으로 환상적인 세계가 펼쳐진다. 밤의 장막이 펼쳐진 넓은 대회장 가득 늘어선 각각의 애드벌룬 버너에서 뿜어져 나온 강렬한 불꽃이 다채로운 색채를 뿜내며 빛의 세계를 만들어낸다.

애드벌룬에서 흘러나오는 경쾌한 음악에 맞춰 조절하는 버너의 불꽃이 어두운 장막의 스크린을 비추는 모습도 장관이다. 20분간 진

가미시호로 거리의 애드벌룬

행되는 빛의 판타지 쇼를 보려고 이날을 손꼽아 기다리는 단골도 늘고 있다. 도시에서 크리스마스의 밤을 연출하기 위해 치밀하게 기획하여 진행하는 일루미네이션에서는 결코 느끼기 어려운 박진감이 압도적이다.

겨울에도 애드벌룬이 수를 놓는다. 겨울 애드벌룬 미팅에서는 파랗게 물든 하늘과 눈으로 새하얘진 대지를 캔버스로 애드벌룬이 비행 곡선을 그리며 간다. 영하 20도의 극한 추위에 다이아몬드 결정 속의 애드벌룬은 홋카이도 도카치에서만 볼 수 있는 광경이다.

시내에는 음식점과 은행, 우체국, 슈퍼, 미용실 등이 있다. 이곳은 버스도 운행하는 마을의 대동맥과 같은 곳이다. 밤의 장막이 내리면 주변은 온통 암흑천지가 되는 가미시호로지만 이 중심가만큼은 네 온등이 거리를 밝히고 있다. 잘 보면 가로등의 갓 부분이 애드벌룬 모양이다. 맨홀 뚜껑에도 애드벌룬 모양이 새겨져 있다.

이처럼 여름, 겨울 애드벌룬 페스티벌 외에도 하늘은 아니지만 여러 곳에서 애드벌룬이 춤추고 있다. 다케나카 정장과 직원의 명함에도 각각 다른 색의 애드벌룬이 새겨져 있다. 가미시호로는 애드벌룬의 마을인 것이다.

일본에서 가장 넓은 나이타이 고원목장

가미시호로에는 일본에서 가장 넓은 공공 고원목장이 있다. 도쿄돔 358개 넓이에 달하는 1,700헥타르 규모를 자랑하는 가미시호로

나이타이고원

정이 운영하는 목장은 규모가 크기 때문에 '홋카이도 통째 크기의 나이타이 목장'이라는 애칭으로 불린다.

목장이 된 산의 완만한 경사지에는 2,000두 이상의 젖소를 방목하는데 그 대부분이 홀스타인종(젖소 종류)이다. 하늘 길로 이어진 내비게이션을 따라 정상을 향한다. 해발 800m에서 보는 도카치 평야의 풍경은 이곳에서만 볼 수 있는 절경이다.

들판 끝까지 펼쳐진 목장은 지평선에 이어진 초록색 융단과 같고 거기에 한가롭게 풀을 뜯는 소들이 있다. 가끔 야생 사슴도 나타난다. 이 장대한 자연이 눈에 들어오면 쌓였던 피로와 스트레스가 한번에 날아가 버린다. 정말 치유되는 것 같다.

절경인 이곳에 2019년 봄에는 새롭게 단장한 나이타이 테라스*가 문을 연다. 테라스에서는 고향납세로 인기를 얻고 있는 가미시호로산 A5 등급의 최고급 도카치 나이타이 와규(소고기)와 싱싱하고 진한 우유로 만든 소프트아이스크림, 젤라토, 우유 등 신선한 지역 식재료들을 판매할 예정이다.

가미시호로의 자연자원, 관광자원, 산업자원이 어우러진 꼭 들려봐야 할 명소이다. 또한 NHK 아침드라마 100번째 작품인 〈여름하늘〉에는 도카치 개척 시기를 지혜롭게 살아가는 주인공의 이야기가 방영되기도 했다.

---

*나이타이 테라스 소식은 https://karch.jp/tp_list.php?wv_key=%E3%83%8A%E3%82%A4%E3%82%BF%E3%82%A4%E3%83%86%E3%83%A9%E3%82%B9 참조. (역주)

치유의 누카비라 온천

1919년에 다이세쓰 산 원시림에서 온천이 발견되었다. 문을 연 지 100년이 된 온천 주변에는 울창한 원시림에 둘러싸인 누카비라 호수(糠平湖)가 있다. 인공 댐이라고는 생각되지 않을 정도로 동쪽의 다이세쓰 산과 아름답게 조화를 이루는 자연 속에 있는 누카비라 원천향 온천이다. 용출수가 풍부한 천연 온천이기 때문에 온천 여관과 호텔에서는 천연 온천수를 즐길 수 있다. 또한 어느 노천탕에서도 사계절의 자연이 주는 아름다운 풍경을 만끽할 수 있다.

개장 100년이 되었을 때 누카비라 온천에 기쁜 소식이 생겼다. 2018년 '여행하는 일본 프로젝트'에서 휴양 부문 1위를 차지한 것이다. 가을 단풍 시즌에 온천에서 주변을 보면 누카비라 호수에 비치는 산들의 빛깔이 가히 예술이다. 온천물에 떠 있는 낙엽의 화려한 붉은색과 노란색에 눈이 씻기는 기분이 들어 상쾌하다.

이곳은 야외 활동 장소로도 인기여서 초여름부터 가을 동안에는 카누와 사이클링, 등산에 삼림욕도 즐길 수 있다. 강에서는 맑은 물이 아니면 서식할 수 없는 무지개송어와 산천어가 낚인다. 겨울에는 두꺼운 얼음으로 덮인 누카비라 호수 위에서 빙어 낚시를 한다. 많은 사람이 하루에 200~300마리의 빙어를 낚는데, 낚싯줄만 드리우면 특별한 기술이 없어도 누구나 쉽게 잡을 수 있는 것이 빙어라서 가족 동반으로도 충분히 즐길 수 있고 잡아서 튀김 등을 만들어 먹으면 얼어붙은 몸을 녹일 수 있다.

山の旅籠 山湖荘 源泉かけ流し 山湖荘

누카비라 온천

2018년 여름에는 누카비라 원천향 온천공원에 족욕탕을 개장했다. 산책 중에 잠깐 들러 새소리를 듣는 것만으로도 원시림에 둘러싸여 깊은 숨을 들이마시는 행복한 순간이 된다.

누카비라 원천향에서 북쪽으로 약 20킬로미터, 자작나무숲으로 둘러싸인 길을 쾌적한 기분으로 운전하다 보면 미쿠니 고개(三國峠)에 도착한다. 이곳에서 바라보는 원시림의 조망은 2018년 일본 유산에 등록될 정도로 아름답다.* 누카비라는 (홋카이도 원주민인) 아이누어로 '사람의 형상을 한 바위'라는 의미이다. 그 정도로 신비로운 느낌이다.

지역 유산 콘크리트 아치교

예전에 가미시호로에는 국철 가미시호로 선이 있었다. 주민의 발을 대신 해준 것뿐만 아니라 벌목한 목재를 운반하는 산림철도로서의 역할도 담당했던 중요한 철도였지만 이미 30년 전에 모습이 사라졌다.

폐선 흔적이 남아 있는 것은 철도 다리로 사용한, 산업폐기물 같은 콘크리트로 만든 아치교인데 시내에서 꽤 떨어진 삼림지대에 그대로 모습이 남아 있다. 처리하고 싶어도 비용이 많이 들기 때문에 포기된 채 흉물스럽게 남아 있다.

---

*미쿠니 고개에서 볼 수 있는 숲은 영화 〈아바타〉의 배경이기도 하다.

하지만 지금은 근대산업 유산으로서 가미시호로뿐만 아니라 홋카이도 유산으로 주목받고 있다. 산, 호수, 삼림, 식물, 야생동물 등 자연과 역사적 건조물 등도 포함하면 사진 피사체가 무궁무진한 홋카이도지만 그 가운데 홋카이도를 상징하는 장소로서 이 철도 또한 인기가 많다. 특히 철도 마니아들에게는 역사적 철도 유산으로서 동경의 대상이다.

홋카이도를 남북으로 관통하는 국도 275호선에 있는 다리들인데 그 모습은 고대 로마시대의 수도교(水道橋)를 연상시키는 고가교이다. 그중에 타우슈베쓰 강에 있는 다리는 '안경 다리'라고 부른다. 누카비라 호수의 수량이 늘어나는 6월경에 서서히 잠기기 시작해 8월경에는 완전히 호수에 잠겨버렸다가 수량이 줄어드는 1월부터 다시 얼어붙은 호반 위로 모습을 드러내기 때문에 환상의 다리라고도 불린다.

국도변의 전망대에서도 풍경을 즐길 수 있지만 더욱 가까이에서 보려면 유료 가이드 투어로 안내를 해준다. 교량이 수몰되어 있을 때와 호수면에 모습을 드러낼 때에는 주변의 대자연과 어우러져 그 신비로움에 넋을 잃는다. 가미시호로가 세계에 자랑할 수 있는 산업 유산이자 관광자원이다.

가미시호로의 아치교

생애학습마을

1989년 가미시호로로는 홋카이도 최초로 생애학습*에 관한 조례를 제정했다. 언제, 어디서든, 누구라도, 무엇이든 배울 수 있고 배운 것을 평가받는 생애학습사회를 목표로 하여, 기존의 학력사회에 대처하려는 큰 교육개혁이었다. 정부는 생애학습사회의 보급·계발을 위해 국가적인 이벤트를 개최하였다.

가미시호로도 참가한 제1회 전국 생애학 페스티벌은 사람들로 넘쳐났다. 이후로 어린이부터 고령자까지 모두 생애학습을 시작했다. 지금도 계속 시행하고 있는 농상공 생애학습 축제와 생애학습 페스티벌, 생애학습 대회, 어린이 겨울 축제 등은 마을 연례행사로 정착했다. 그중에 어린이부터 고령자까지 한꺼번에 만날 수 있는 주민 교류 콘서트는 압권이다. 초중고 합주부, 여성 합창단, 실버 합창단 등 세대를 초월한 음악 제전을 통해 주민이 한마음을 이룬다.

생애학습으로 마을 만들기에 큰 영향을 준 것은 마을과 규슈(九州)의 대학이 연대한 마을 칼리지(town college)였다. 여름휴가 기간 동안 전기와 후기로 나누어 15개 강좌(각 90분)를 개설하는데 전국에서 400명의 수강생이 모여 5일간 마을은 마치 대학 캠퍼스처럼 된다.

마을 칼리지 최대의 성과는 이 강좌를 계기로 '지역 보물찾기 모임'이 만들어져 지금은 관광 명소가 된 철도산업 유산 보존 활동에서

---

*생애학습은 우리나라로 치면 평생학습 개념과 같다. (역주)

중심 역할을 하게 되었다는 것이다. 1994년에는 생애학습 사업을 체계적으로 정리한 생애학습 달력이 전국 지자체 홍보 달력 부문에서 최우수상을 수상하여 높은 평가를 받았다.

대학을 졸업한다고 인생의 모든 것이 결정되는 것이 아니다. 중요한 것은 사회에 나가서 자신이 무엇을 할 수 있을 것인지를 배우는 것이다. 멍하게 있으면 아무것도 할 수 없다. 누구라도 힘차게 후회 없는 인생을 보내기 위해서는 계속 배움이 필요하다.

학교에 다니며 고등교육을 받아야만 한다는 말이 아니다. 농사와 삶 속에서 그 분야의 전문가와 달인에게 묻고 책을 읽으며 지식을 쌓을 수 있다. 그 지식을 실생활에 잘 반영하면서 삶의 보람을 찾을 수 있다고 말하는 것이다. 배워서 얻은 지식은 경제활동으로 연결되고 그렇게 한 사람 한 사람이 활기차게 살아간다면 결과적으로 마을 전체도 활기를 찾을 수 있다고 다케나카 정장은 생각한다.

당시 급격한 사회변화에 대응하기 위해 생애학습 관점에서 '리커런트 교육(recurrent education, 사회인을 위한 순환교육)'이 국책사업으로 중시되었다. 오랜 세월 속에서 빛바랜 정책이 지금 인구감소, 저출산 고령화사회, 100세 시대에 순환 교육 형태로 다시금 주목받고 있다.

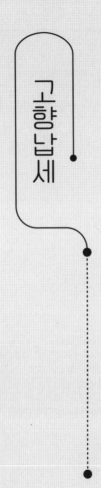

제3장

고향납세

자유로운 분위기의 직장

모든 사람에게 동등하게 주어진 1일 24시간 가운데 1/3이 일하는 시간이고 나머지는 자유 시간과 잠자는 생리적인 시간이다.

하루 8시간은 긴 인생에서 보면 미미한 시간이지만, 생애 전체의 노동시간으로 보면 상당히 긴 시간이기 때문에 매일 자신에게 걸맞은 시간을 보내는 것이 중요하다.

따라서 가치 있는 인생을 보내기 위해서는 일하며 보내는 시간을 소중히 생각해야 한다.

이러한 생각을 기초로 직원이 적극적으로 하고 싶은 일을 제안하면 무엇이든 부정적으로 생각하지 않고 '그래 한번 해봐'라며 도전하게 한다. 물론 이런 활동은 성과평가지표(KPI, Key Performance Indicator)나 계획·평가·개선(DCA, Do, Check, Act) 측정으로 평가할 수도 있지만 경우에 따라서는 이런 과정을 통해 새로운 사업이 만들어지기도 한다.

마치 벤처기업 대표의 마인드처럼 보일 수도 있지만 바로 이런 과정을 통해 직원들이 일할 수 있는 원동력을 높일 수 있다. 구태의연한 상하관계 중심의 피라미드형 사회에 질린 젊은 세대에게 환영받을 수 있고, 또 그들의 능력을 끌어낼 수 있는 방법이다.

보통 공무원들은 성공보다 일단 실패하지 않는 것을 우선시하고 굳이 위험을 감수하면서까지 일하지 않는다는 이미지로 평가된다. 특히 고위 공무원 중에는 '되는 것도 없고 안 되는 것도 없는 상태에서' 무난한 임기 종료를 목표로 하는 사람이 적지 않다. 그런데 다케나카 정장은 이런 편견을 깨고 때로는 부서 간부들을 건너뛰고 현장에서 일하는 젊은 직원에게 직접 말을 건넨다.

간부들 입장에서 보면 조직 질서를 문란하게 한다고 생각할 수도 있다. 그러나 그런 노력을 통해 신속한 관계 형성과 정확한 정보 전달이 이루어질 수도 있다. 이런 방식을 적극적으로 받아들여 주눅 들지 않고 적극적으로 일을 대하는 건강한 직원들도 나타났다.

그냥 아무것도 하지 않고 기다릴 수만은 없는 지방창생, 지자체의 지혜를 묻는 지방창생과 고향납세를 계기로 직원들의 인식도 틀림없이 바뀌었을 것이다.

민첩한 실행

다케나카 정장은 기회를 보는 데 민첩하여 고향납세에 대한 대응 뿐만 아니라 여러 정책을 신속하게 제안하고 실행해왔다. 아마도 '제일 먼저' 하는 것을 좋아하는 스타일 같다. 그래서 "민간 출신인 가요?"라는 질문도 받곤 한다. 계속 마을 교육위원회 일을 해온 전문가이지만 다케나카 정장이 지금까지 걸어온 길을 보면 그런 반응도 이해된다.

예를 들어 2004년 가미시호로는 총무성이 발표한 지역재생 매니저 사업에 홋카이도 내에서 유일하게 채택되었다. 일본 전국에서 11개의 지자체가 채택되었는데 가미시호로가 홋카이도 최초로 채택된 것이다.

이 사업은 내각부 지방창생계획의 일환으로서 총무성이 신설한 사업이며 산업과 관광진흥 노하우를 가진 민간기업 인재를 지자체에 파견하여 민관 협동으로 지방창생을 추진하는 사업이다. 정부가 사업비의 2/3(최대 1천만 엔)를 지원하며 최대 3년까지 계속할 수 있다. 가미시호로로서는 큰 기회가 찾아온 것이다.

누카비라 원천향, 나이타이 고원목장, 콘크리트 아치교 등 많은 자연자원과 관광자원, 산업자원이 풍부하여 지방창생 가능성이 높다는 것이 선정 이유였고, 구체적인 진흥책의 하나로 제시한 '꽃가루 알레르기 없애기 사업'도 높은 평가를 받았다.

산으로 둘러싸인 지역에서 여러 종류의 식물이 꽃을 피우는 것도 자랑이지만 삼나무 꽃가루는 전혀 날리지 않기 때문에 그런 자연환경을 이용한 일종의 투어리즘 사업을 기획했다. 즉 혼슈(本州)에서 삼나무 꽃가루가 대량 방출되는 2~4월에 삼나무 꽃가루에 시달리는 도시 사람들이 누카비라 원천향으로 피난 와서 쾌적한 환경에서 장기 체류하며 대학의 협력으로 면역력 등의 효과를 측정하는 헬스 투어리즘, 리트리트(retreat) 투어인 것이다.

당시에는 건강과 관광, 헬스 투어리즘의 상품 가치와 인지도가 낮아서 상품화하기에는 한계가 있었지만 이 사업을 계기로 여행사와 관광 단체 등이 헬스 투어리즘 연구회를 만들기 시작했다.

지역에서는 깨닫기 어려운 객관적인 매력과 거기에서 만들어지는 스토리에 가능성이 있는 것 같다. 마을이 지켜야 할 산업, 자연, 환경 등의 이미지를 넓혀가면서 도시와 교류하는 인구를 늘리고 그것이 새로운 고용 창출로 이어지면 좋겠다고 생각했다.

이 아이디어를 추진한 다케나카 정장의 지방창생에 대한 태도를 함축한 말이지만 그중에서도 '도시와의 교류'는 지방창생의 중요한 키워드이며 그 후에도 추진한 정책의 면면에 그런 생각이 배어 있다. 이렇게 처음으로 외부 인재를 마을에 받아들인 경험은 그대로 지역부흥협력대* 제도 도입에도 연결되었다. 지역부흥협력대도 총무성의 사업인데 과소화된 산촌 지역에 외부 인재를 유치하고, 정주 및 정착하게 하는 정책이다.

2009년부터 시작된 이 제도를 이용하여 도시의 전문 능력이 있는 인재를 적극적으로 채용함으로써 마을 공무원들만으로는 진행하기 어려웠던 행정 서비스를 할 수 있게 되었다. 실제로 채용된 대원들은 ICT 전문 지식이 있는 정보통신원으로서 마을 홍보에 기여했다. 도시에서 디자이너로 활동한 대원도 협력하여 홍보 활동을 도왔다. 이것이 다케나카 정장이 말하는 '도시와의 교류'에 큰 기여를 하여 이후에 고향납세를 통해 마을이 더욱 비약할 수 있는 기반을 마련하였다.

적극적인 추진

고향납세 제도가 지방창생의 기폭제로서 이 정도로 세간의 주목을 받아 지방에 거액의 기부금이 모일 수 있다고 도대체 누가 상상하였겠는가. 이 제도는 고향에서 나고 자라 그 지역의 세금 혜택을 받았지만 일자리를 찾아 도시로 진출하여 도시에 세금을 내고 있는 사람들을 위해 만들어졌다. 도농 간 격차를 없애기 위해 주민세의 10퍼센트를 고향에 환원하자는 취지이다.

고향납세는 현재 거주지 이외의 지자체에 2,000엔이 넘는 금액을 기부하면 일정 상한액까지 주민세와 소득세에서 전액 공제받을 수

＊2009년부터 실시된 지역부흥협력대의 정식명칭은 '地域おこし協力隊', 즉 '지역을 일으켜 세우는 협력대'이다. 우리나라에서는 2015년부터 지역이전협력대, 지역창조협력대, 지역만들기협력대, 지역활성화협력대, 지역진흥협력대, 지역방문협력대 등 여러 가지 명칭으로 부르다가 2015년 말부터 지역부흥협력대라고 부르기 시작했다. (역주)

있다. 예를 들어 연 수입 700만 엔의 4인 부양가족이 3만 9,000엔을 고향납세로 기부하면 원래의 세금에서 3만 7,000엔을 공제한다.

실질적으로 세금의 일부를 지자체에 납세하는 것과 같다. 현행 제도에서는 자기부담 2,000엔으로 공제 상한액은 주민세의 20퍼센트(제도 도입기에는 10퍼센트)로 그 액수는 연 수입과 세대 구성에 따라 다르다.

다케나카 정장은 고향납세 제도를 알게 되었을 때, '이것은 기회다'라고 바로 반응했지만 '이 정도가 될 줄은' 상상하지 못했을 것이다. 어쨌든 고향납세 제도가 지역 자산과 자원을 홍보할 수 있는 절호의 기회라고 확신했다. 그리하여 공무원과 마을 관계자 모두가 한마음으로 제도를 이용한 결과 가미시호로에 '이 정도까지' 바람이 불어온 것이다.

그 바람이 점점 커지는 분위기가 되자 전국 지자체가 경쟁하듯이 고향납세라는 뒤주 속에 손을 넣기 시작했다. '취지를 제대로 이해하고나 있는 건가' 하며 고개를 갸우뚱하게 하는 쓴웃음을 지을 수밖에 없는 사업을 한 곳도 있고, 모처럼의 좋은 제도 자체의 존망을 뒤흔드는 사건도 일어나고 있다.

마을이 내건 사업이 좋은 결과로 이어진 것이었지만 무엇보다 중요한 것은 상상 이상의 성공에 들떠 축배를 들며 동요한 것이 아니라 기부금으로 모인 재정을 잘 운용하여 마을 활성화를 위해 사용했다는 사실이다. 게다가 그 성과에 머무르지 않고 지방창생의 완성으로 향하고 있다.

그러면 이 제도를 지금까지 어떻게 운영해왔을까. 2008년에 고향납세가 시작되었을 당시 가미시호로에 모인 기부금은 5만 엔(1건)에 지나지 않았다. 그러나 2013년에는 2억 엔을 넘는 기부금이 정말 '하늘에서 떨어졌다.' 이후 9억 엔, 15억 엔 등 3년 연속으로 홋카이도 제일의 실적을 올려 2014년에는 전국 3위까지 되었다. 과연 성공 이유는 무엇이었을까.

그 해답은 적극적인 추진 방식(start dash, 이하 스타트 대시)에 숨겨져 있다. 가미시호로는 2002년에 ICT 정보담당 부서를 창설하여 2008년부터 SNS를 시작했다. 2010년에는 지역부흥협력대원들이 홈페이지를 개편했고 스마트폰과 휴대전화로도 이용할 수 있는 서비스를 제공했다. ICT 중심의 정보발신 체계 정비가 스타트 대시의 복선이었다.

2008년에 고향납세 제도가 시작되었지만 마을에는 아직 기부금에 대한 답례품을 무엇으로 할까 하는 계획도 없었다. 2011년 후반부터 답례품의 필요성을 느끼고 2012년에 개설된 최초의 고향납세 전문 포털 사이트 '고향 초이스'*에 답례품을 올리면서 사태는 급변하기 시작했다.

당시에는 제도가 시행된 지 4년이 지났는데도 아직 국민들에게 익숙하게 받아들여지지 않던 시기였다. 이때 주식회사 트러스트뱅크가 ICT를 통해 지역과 도시 사이의 사람, 물건, 돈, 정보를 순환시키

---

*https://www.furusato-tax.jp (역주)

겠다며 '고향 초이스'라는 웹사이트를 만들어 납세 대행을 시작하자 단번에 큰 변화가 나타났다.

트러스트뱅크 창업자 스나가 다마요(須永珠代)는 아파트에서 혼자 창업한 강인한 여성이다. 회사를 만들어서 좋긴 한데 그다음은 뭘 하지 하고 오랜 시간 고민했다고 한다. 그러다가 고향납세 제도를 보고 포털 사이트를 만들게 된 것이다.

당시에 고향 초이스는 고향납세를 대행하는 유일한 포털 사이트였는데 수개월 후에는 제도를 이용하지 않는 사람들을 독려하는 역할을 하게 되었다. 마침 그즈음에 고향 초이스 사이트를 알게 된 다케나카 정장은 바로 도쿄로 스나가 대표를 만나러 갔다. 아직 사이트를 오픈한 지 얼마 되지도 않았는데 스나가 대표 앞에 홀연히 나타난 것이다.

태어나서 처음으로 단체의 장이라는 사람을 만났다.
다케나카 정장 스스로 움직이는 행동력에 놀랐고 그 만남을 통해 가미시호로와 인연이 닿았다.
고향 초이스 서비스를 통해 가미시호로에서 지방창생의 계기가 마련된다면 좋겠다. (스나가 대표)

이후 가미시호로는 트러스트뱅크와 ICT를 통한 지방창생사업도 함께하게 되었다. 이렇게 '사람에서 사람에게로'뿐만 아니라 스스로 뛰어다니며 인맥을 넓히고 그것을 일과 연결하는 재능은 다케나카 정장이 가진 진면목이다.

포털 사이트로 돌파구를 연 가미시호로는 고향 초이스를 활용하여 더욱 기세를 늘리면서 마을 홈페이지의 항목도 입력하기 쉽게 개선하였고 기부금 카드 결제 방식도 새롭게 도입하는 등 평범하게 일상적인 방식에 머물러 있던 지자체들과는 다른 차별화 전략을 취했다. 그리고 마을 답례품 개발을 위해 생산자에게 보조금을 제공하며 민관이 협력했다.

2010년 8월에는 마을의 통신판매 사이트 '도카치 가미시호로 시장'이 개설되었는데 이제까지의 사이트 운영 경험이 그 후의 대히트에 큰 영향을 주었다. 예를 들어 생산자들은 통신판매 사이트에 올리기 위한 상품 개발에 힘썼는데 이 상품들이 후에 대인기 답례품이 되었다. 고향납세가 큰 인기를 끌기 전부터 농산물의 6차산업화가 시작되어 제도가 탄력을 받을 때 신속하게 대응할 수 있도록 사전 준비가 착착 진행된 것이었다. 고향납세가 전국적으로 탄력을 받기 시작하는 시점이 되었을 때에는 다른 지자체들과는 이미 큰 격차가 벌어져 있었다. 바로 이것이 스타트 대시 무대의 뒷면이다.

별도의 통신판매 사이트 '도카치 가미시호로 시장'을 운영하면서 생선류를 발송하는 노하우를 가장 먼저 습득했다. ICT 사업과 답례품 개발을 위한 착실한 노력, 그리고 스나가 대표와의 만남이 절묘하게 맞아 떨어져 가미시호로의 고향납세 정책이 결실을 맺게 된 것이다.

NPO법인

2018년 2월 NPO법인 가미시호로 콘시어지(이하 콘시어지, http://kamishihoro.net)가 총무성이 주최한 고향 만들기 대회에서 총무대신상 단체상을 받았다. 마을로의 이주와 정주를 추진한 단체로서 인구증가에 기여한 업적을 높이 평가받아 수상한 것이다.

2010년 콘시어지는 이주 촉진을 위해 행정기관과 민간(주민)이 협력하여 설립했다. 이주와 정주 지원을 위한 원스톱 창구, 생활체험 모니터 사업관리 운영, 생활체험 세미나, 이주 체험자에 대한 지원과 상담, 관광 안내, 인터넷 쇼핑 운영, 지역 공헌 활동 등을 하고 있다.

마을은 도시와 교류하기 위해 ICT를 통해 물건을 교류하는 전략을 세웠다. ICT 활용의 모범 지역인 와카야마현(和歌山県) 기타야마무라(北山村)의 시스템을 도입하여 홈페이지 블로그를 개설했다. 마을 독자적으로 농림상공 연대 사업을 만들어 상품 개발에도 매진했다. '민간에서 할 수 있는 것은 민간에 맡긴다'는 원칙에 따라 지역 특산품을 인터넷으로 판매하는 '도카치 가미시호로 시장'의 관리·운영 업무를 위탁했다.

2년 동안은 그리 큰 성과가 나오지 않았다. 콘시어지가 독자적으로 상품을 개발하며 여러 가지 노력을 했지만 매출은 늘지 않았다. 연간 300만 엔 정도의 매출로는 이주에 관한 수탁 사업을 하는 직원들의 월급을 주기에도 역부족이었다. 이런 상황에 이사들은 자비를 내어 활동 자금을 갹출했다.

힘든 경영 상황 속에 다니시(田西) 회장을 시작으로 기쓰나이(橘內) 전무이사는 직원들의 지혜를 모아 상업적인 통신판매 사이트들이 이용자가 가볍게 구입할 수 있는 가격대와 구매 의욕을 높이는 상품을 섞어서 서비스하는 것을 벤치마킹하여 다시 한 번 상품의 종류와 배열을 변경했다. 나중에는 이 배열 그대로 고향납세에 제안할 상품을 마련하였다. 인터넷 쇼핑 위탁 3년이 지난 후 계속 사업을 지속할 것인가를 고민하던 중, 고향납세 사이트 고향 초이스가 개설된 다음해인 2013년에 TV 등 미디어의 주목을 받으며 단번에 인기를 끌게 되었다.

힘들게 경영했던 인터넷 쇼핑, 그때까지 어려움의 연속이었던 사업은 결과적으로 이미 답례품을 준비한 과정이 되어 필요할 때 지체 없이 즉각적으로 기부자에게 상품을 제공할 수 있게 되었다. 그 과정에서 새로운 상품 개발을 진행할 시간적 여유도 생겨 더더욱 기부자의 관심을 모으는 데 성공할 수 있었다.

이렇게 평탄하지 않은 과정을 경험했지만 법인 설립 취지의 하나인 민관의 보완적 역할에 충실해왔던 콘시어지의 기쓰나이 전무이사는 "NPO는 행정기관의 손이 미치지 않는 곳을 커버하는 단체다. 마을의 의향을 존중하여 인터넷 쇼핑을 그대로 이어받고 사람도 맡아서 운영해야 한다고 결심했다"라고 말한다. 답례품 선정 문제도 마을과 콘시어지가 회의하여 콘시어지가 사업자와 교섭하기로 했지만 기쓰나이 전무이사는 이 과정에서 배려심도 잊지 않았다.

사업에 경쟁 상대가 있는 것은 당연하다. 그러나 마을에서 같은 상품을 취급하는 사업자가 있다면 상품 품질이 극명하게 차이 나지 않는 한 경쟁하지 않고 가미시호로 답례품으로 함께 모아서 판매했다.

이렇게 고향납세의 성과는 마을을 중심으로 콘시어지와 사업자들이 협업하여 이루어낸 산물이었다.

사람과 상품과 인터넷이라는 세 요소를 연결하는 데 충실했던 것이 기적을 만든 요인이었다.

그 후로도 콘시어지는 고향납세에서 중요한 역할을 담당했다. 2018년 10월 총무성과 전국과소지역 자립촉진연맹이 주최하는 과소지역 자립 활성화 우수사례선정대회에서 총무대신상을 수상했다. 콘시어지의 모토인 '도시와 농촌의 교류 촉진 프로젝트'는 이주자가 안심하고 살 수 있는 환경을 만들기 위해 그들이 개최하는 생일 파티와 프리마켓을 도와주기도 하고, 이제까지 지역 주민과 이주자가 교류할 수 있는 징검다리 역할을 하는 데에도 영향을 미쳤다. 또한 새로운 상품을 개발하여 이제까지 해왔던 특산품 판매와 고향납세 답례품 발송에 지역 특성을 더 반영하고, 이를 통해 도시와 농촌의 교류가 촉진되도록 적극적으로 관여했다.
콘시어지에는 원래 '이주와 정주 촉진'이라는 중요한 과제도 있다.

월 1회 열리는 이주자를 위한 생일 파티는 교류의 장으로서 생활하면서 경험하는 어려움에 대한 조언을 나누며 친목을 넓히고, 이주자가 보다 더 마을에 녹아들어갈 수 있는 소중한 만남의 역할을 한다. 생일 파티의 참가 조건은 각자 한 개씩 손수 만든 반찬이나 편의점 인스턴트 음식이라도 갖고 오는 것이다. 이렇게 자그마한 뷔페를 만들어 이주자가 즐기는 행사이다.

콘시어지는 고향납세 위탁사업으로 안정화를 꾀하며 최근에는 폐교 재생과 같은 새로운 지역 공헌 사업에도 도전하고 있다.

> 결국 마을에는 사람이 있어야 한다. 이주든 정주든 사람이 모여드는 상황이 되어야 정책도 시행할 수 있고 경제도 활성화된다. 그런 점에서 콘시어지의 역할이 적지 않다고 자부하고 있다. (기쓰나이 전무이사)

애드벌룬의 마을 가미시호로에는 도립 가미시호로 고등학교가 있다. 콘시어지는 이 고등학교의 애드벌룬부에 '가미시호로 고교'라고 프린트한 애드벌룬을 보냈다. 콘시어지의 마음 씀씀이에 부원들도 기뻐하고 이주자도 그 애드벌룬을 보면서 힐링이 된다.

답례품과 감사제

고향납세에서 가장 눈길을 끄는 것은 답례품이다. 답례품에 매력을 느껴 기부를 시작한 사람도 많다. 가미시호로 답례품에 대한 기부자들의 평가는 높은 수준이다. 반복적으로 기부하는 사람(리피터)들은 단순히 답례품뿐만 아니라 기부금 사용 방식에 대해서도 높게 평가한다.

가미시호로는 2016년에 그때까지의 최고 기부금인 21억 엔을 모았지만, 다음해에는 16억 엔으로 5억 엔이 줄었다. 이것은 어떤 의미로 평가받을 만한 일이다. 이 시기에 총무성은 과한 답례품과 제도 취지에서 벗어나는 대응을 하는 지자체에 대해 엄하게 지도했다. 그럼에도 많은 지자체들이 경고를 무시하고 '될 수 있는 한 많이 모으자'라며 과열 경쟁을 했다. 금품과 기부금의 70퍼센트를 초과하는 답례품을 보내는 지자체도 있었다.

그러나 가미시호로는 어리석을 정도로 솔직하게 원칙을 준수했다. '바보같이 정직하다'는 소리를 들었고, 기부금도 전년에 비해 25퍼센트가 감소했다. 그런데 바로 그런 가미시호로의 답례품은 아름답다고 평가받고 있다.

마을에는 잠재력이 있는데 지금까지 잠들어 있었다. 그것을 정책으로 일깨운 것이다.

도카치 나이타이 와규는 옛날부터 있었다. 맛이 변한 것이 아니라 인지도가 낮았을 뿐이다. 그저 너무 비싸다고 생각하며 잊고 있었다. 그런데 고향납세로 인해 잠들어 있던 자원이 다시 등장한 것이라고 기획재정과의 가지 도오루(梶達) 씨는 말한다.

도카치 나이타이 와규는 가미시호로에서 키워 상품으로 만든 A4~A5 등급의 최고급 소고기다. 일본 전국의 마쓰자카규(松阪牛)와 오우미규(近江牛) 같은 유명한 브랜드 소와 같은 등급으로 평가받고 있다. 다만 생산 비용은 브랜드 소와 비교하여 조금 적다. 생산부터 판매까지의 모든 과정이 가미시호로에서 일관되게 진행되기 때문이다.

나이타이는 지역 이름이지만 지역 이름과 상품명을 합쳐서 '지역단체상품등록'을 했다. 이는 신청부터 허가까지 매우 어려운 등록 과정을 거쳐야 한다. 인지도도 포함해 많은 사항을 기입해야 하고 심사 통과까지 몇 년의 시간이 필요하다. 그러나 '도카치 와규'는 고향납세 효과 덕인지 1년 만에 심사를 마쳤다. 그로 인해 가미시호로가 전국에 이름을 알릴 수 있었다.

그때까지는 가미시호로라고 정확하게 불러주지도 않았다. 가미시호로가 어디에 있느냐는 질문만 받곤 했다.

마을사무소의 많은 직원들은 지역 출신인데, 최근에는 다른 지역에서 일부러 희망하여 오는 사람도 있다고 한다. 화제가 풍부하고 열의가 있는 마을이니까 여기에서 일하면 보람이 있다고 생각하는 것 같다. 이것도 긍정적인 효과이다.

도카치 허브 와규는 홀스타인 암소와 흑우 와규의 숫소를 교배하여 만든 소로 사료에 허브를 섞어서 키운 오리지널 소다. 마을에는 산지 직송으로 맛있게 요리하여 내놓는 레스토랑도 있다.

또 다른 답례품으로 마을 특유의 신선한 우유로 만든 아이스크림과 꿀 등의 식품이 있지만 이것을 생산자가 그대로 판매하는 것이 아니라 상품으로서 6차산업화하여 연구 개발한다. 가미시호로 답례품을 고집하는 기부자 중에는 그 맛에 사로잡힌 리피터들이 많다. 낙농가를 지원하는 농협의 오구라 조합장의 얼굴도 웃음으로 활짝 폈다.

낙농에서 고향납세의 영향력은 대단히 크다. 가미시호로의 답례품은 모두 지역에서 생산한 것이다. 낙농가가 고기, 아이스크림, 치즈를 생산하여 6차산업화하여 상품으로 만든다. 고향납세로 인해 6차산업화가 발전할 수 있었다. 이제까지 출하하던 시장 이외의 새로운 시장도 생겼기 때문이다. 그래서 낙농가에 큰 힘이 된다. 매출 상승뿐만 아니라 호평을 받으며 지명도도 올랐다. 지금부터 더욱 생산 의욕이 올라갈 것이다.

확실히 낙농을 시작한 생산자는 물론 마을 전체에도 고향납세 혜택은 커서 그런 단계에만 머물 수는 없다는 의견도 있다.

'우리 마을에는 답례품으로 할 게 아무것도 없다'며 흥미를 보이지 않는 지자체도 있다고 들었다. 그런 점에서 가미시호로는 확

고향납세 기부에 대한 답례품

실히 풍부한 식자재 혜택을 받고 있다. 다만 요즘은 모든 물건을 상품으로 만들 수 있는 시대이기 때문에 답례품만으로 고향납세 효과를 설명하기는 어렵다.

기부자를 교류인구의 목표로 설정한 것이 아마도 다른 마을과 크게 다른 점일 것이다. 가미시호로는 앞으로도 기부자들을 소중하게 여기며 '감사제'를 통해 감사의 마음을 표현할 것이다.

감사제는 가미시호로가 제일 먼저 나서서 실시한 행사다. 행정기관은 주변의 평가가 두려워서 다른 곳의 움직임을 관찰하면서 먼저나서서 적극적으로 일하려 하지 않는 경우가 많지만 다케나카 정장은 일단 좋다고 생각하면 즉시 행동으로 옮긴다.

1번과 2번에는 큰 차이가 있다. 없는 길을 가는 사람은 고생도 많이 한다. 치명적인 실패를 하면 안 되지만 잘 풀리지 않을 때도 있다. 그러나 고생을 경험하며 습득한 노하우는 바꿀 수 없는 소중한 재산이다. 성공 사례를 참고하는 것도 소중하지만 고생 과정을 체험하는 것도 매우 중요하다. 이제는 성공을 체험하며 기쁨을 느끼는 직원도 늘어가고 있다.

다케나카 정장에 대해서 기쓰나이 전무이사는 이렇게 평가를 내린다.

다케나카 정장은 여러 가지 일에 도전했지만 그때마다 모두 성공한 것은 아니다. 언제나 "일단 한번 해봐"라고 말한다. 많은 공무원들은 아무것도 하지 않으면 실패는 없는 것이라고 생각하기 때문에 엉덩이가 무거운데 다케나카 정장은 다르다. 민간에서는 10가지 일을 시도해서 5가지만 성공해도 대단한 일이지만 행정기관은 5가지나 실패했다며 책임을 묻는다. 그런 현실을 알고도 과감하게 도전하니까 대단한 사람이다.

고향납세가 마을에 일으킨 효과를 보고 직원들이 자신감을 갖게 된 것도 한몫을 했다. 가지 씨의 말처럼 앞으로는 교류인구와 어떻게 연결할 것인가가 큰 과제이다. 그것을 시험하는 것이 감사제이다. 감사제는 2018년으로 4회를 맞이하는데 제2회 때에는 도쿄뿐만 아니라 오사카에서도 개최했다. 마을의 자랑인 식자재 시식 코너와 이주 상담, 마을 홍보 코너도 운영했다.

제1회 고향납세 대감사제, 제2회 더욱 알리고 싶고 더욱 알고 싶은 가미시호로 설명회, 제3회 가미시호로 송두리째 견본마을, 제4회 가미시호로 송두리째 견본마을 2018이라는 감사제 대회 명칭은 모두 다케나카 정장이 만들었다.

도시와의 교류는 매우 중요하다. 도쿄 사람들이 관심을 갖게 하고 그들과 어떻게 소통할 것인지를 고민한다. '사람이 많이 살지 않으니 와주세요'라는 식이 아니라 지역과 전혀 다른 대도시권을 상대하는 방식을 고민한다. 고향납세 감사제는 우리 지역이나 도쿄에도 좋은 자극이 될 것이다. 큰일이라며 서로의 상처를 씻겨 주는 상태에 머물러서는 성공하기 어렵다. 그런 점에서 도쿄와는 서로 이득이 될 수 있는 감수성 있는 자극을 제시해야 한다. 아주 잘한다는 느낌이 들 정도로 메시지를 보내고 우리들의 마을 만들 기 노력을 보여주는 것이다. 도쿄는 너무 커서 잘 볼 수 없지만 이 쪽은 작은 마을이니까 자세히 알아보기 쉽다는 점을 강조한다. 찬찬히 들여다보게 하고 기부자에게 충분하게 전달하여 기부하 길 잘했다는 마음이 들게 하고 싶은 것이다. 나는 응원인구라고 표현하고 싶지만 그런 노력을 통해 관계인구가 만들어진다.

감사제에 그치는 것이 아니라 '가미시호로를 통째로 이해할 수 있 는 견본마을 투어'를 개최하기도 했다. 40명을 1조로 구성하여 3회 에 걸쳐서 120명을 마을에 초대하여 이주하고 싶게끔 안내하였다.
가미시호로는 고향납세를 돈이라고만 생각하지 않는다. 더욱 소 중한 무언가를 얻을 수 있는 기회라고 생각한다.

지역에 살고 있는 사람들은 좀처럼 지역의 좋은 점을 알아채지 못한다. 그런 의미에서 고향납세는 지역민에게 기회를 제공할 수 있다. 답례품이 호평을 받으면 우리 마을이 대단하구나 하는 자 부심이 생긴다. 서로에게 도움이 되는 것이다.

우직한 마을

가미시호로는 일본 최초로 마을사무소에 고향납세 담당을 설치했다. 제도 출범 당시에는 기존에 설치되어 있는 3개의 과가 제대로 역할을 하지 못했다. 예를 들어 마을에 대한 기부행위는 총무과 담당이다. 기부자에게 감사장을 보내는 것도 총무과가 담당했다. 가장이 죽어 유족이 유산의 일부를 기부하면 애도의 뜻을 표현하며 감사장을 보내는 등의 업무도 담당했다. 답례품을 보내는 것은 마을이 위탁 운영하는 NPO에 있는 EC사이트 도카치 가미시호로 시장이 맡아 하는데 상공관광과 담당이다. 기획재정과는 홍보 및 취재 대응을 한다.

이렇게 3개 과가 진행하는 업무에 다케나카 정장이 이의를 제기했다. 신속하게 응대할 수 없으니 기부 접수부터 홍보 대응까지 모두 일원화하라고 지시했다. 그 결과 기획재정과에 고향납세 담당을 설치하여 일괄적으로 운영하게 했고 그 두 번째 담당자가 가지 씨이다.

창구를 일원화했지만 담당자가 없을 경우나 기획재정과가 바쁠 경우가 있다. 그럴 때에는 다른 부서 직원이 최소한의 전화 응대를 할 수 있게끔 정보를 공유했다. 점심시간에도 기획재정과 내에 교대로 누군가 한 사람이 남아서 외부의 상담에 대비했다. 기부자가 고향납세 때문에 연락한다면 근무하다가 짬나는 시간인 점심시간에 할 수도 있다고 생각했기 때문이다. 이런 생각을 하게 된 이유는 그 이전에 이와 같은 경험을 자주 했기 때문이었다.

게다가 마쓰오카(松岡) 과장은 17명의 직원 모두에게 "함께 고향납세를 공부하자"라고 제안하여 연구회도 만들었다. 연구회에서 "이런 질문에는 이렇게 대답한다"라는 내용의 매뉴얼을 만들어 만반의 준비를 갖추었다. 그 결과 납세액이 2016년에 21억 엔까지 늘어난 것이다.

전국 지자체에서도 고향납세에 관한 이 같은 다양한 드라마가 발생하고 있을 것이다. 눈치 보다가 준비 부족으로 대응이 늦어진 지자체 중에는 기회를 놓친 것을 만회하려고 총무성의 지도를 무시한 행동을 하는 곳도 있다.

그러한 행동이 답례품에 눈먼 기부자의 사행심을 부추기는 불법 서비스로 이어져 제도를 혼란시키기도 하지만 제도 본래의 취지는 지역산 물건을 답례품으로 한정하고 답례품 규모도 기부금의 30퍼센트까지로 제한하고 있다. 이것이 붕괴되면서 점차 금품과 싸게 대량으로 사들인 다른 지역 특산품을 제공하는 무법천지가 되었다. 심지어 제공받은 상품권을 인터넷에서 되파는 파렴치한 일도 일었다.

참을 수 없는 불쾌감을 내비친 총무대신이 자중해 달라는 기자회견을 했지만 이런 상황은 2016년부터 계속 반복되었다. 기획재정과에서도 이와 유사한 문제가 발생했다. 매해 기부 금액이 급증한다고 하지만 회계운영상 고향납세의 전체 금액은 그해에 결정되고 지자체가 나누는 방식이다. 총무성의 지도를 그대로 따르게 되면 불법적인 답례품으로 기부자를 모으는 쪽에 유리할 수도 있는 상황이 발생하는 것이다. 이런 위기감은 격화됐다.

정장, 이대로라면 금년도의 실적은 확실히 떨어져요.

아니 그래도 상관없어. 지금까지 해온 것처럼 답례품을 30퍼센트로 하세요.

아무리 좋게 말해도 줄어드는 것은 줄어들어요! 반까지 줄어들어요!

담당자인 가지 씨는 초조해졌다.

상관없어! 지금까지 해온 대로 합시다! 이것은 중요한 제도니까요. 지방창생을 위해서도 원칙을 깨뜨릴 순 없어요!

우직할 정도로 다케나카 정장의 자세는 미동도 하지 않았다. 예상대로 이해의 모금액은 전년 대비 50퍼센트로 크게 줄어들었다. 그래도 이제까지 마을을 응원해온 리피터들이 꾸준히 기부하여 전년 대비 75퍼센트인 16억 엔까지 회복했다.

대단히 고마운 일이다. 반으로 기부금이 줄어드는 상황은 각오

했었다.

가지 씨는 가슴을 쓸어내렸다. 이로써 답례품의 우열과 상품 가치만으로 우왕좌왕하는 기부자만 있는 것은 아니라는 사실이 증명된 것이다. 지자체 중에는 1차산업이 활발하지도 않고 매력적인 상품도 없는 곳이 있다. 예를 들어 저출산 대책의 일환에서 기부금으로 학교 급식비 무상화를 하여 영양 균형을 충분히 갖추지 못한 빈곤한 아동의 가정에 방문급식을 할 수 있다면 그 보답은 (화려한 답례품이 아니라) 아이들의 웃는 얼굴이다.

지방창생을 위한 고향납세 제도가 취지에 맞게 정상적으로 기능하지 못한다면 모처럼 만들어진 지방창생의 좋은 흐름은 멈추고 말 것이다. 다함께 건넌다면 무섭지 않다는 마음으로 무책임한 대응을 조심해야 지방인구 감소 문제라는 난관에 빠지지 않을 것이다.

호화 답례품 경쟁은 결국 기부금에서 답례품이 차지하는 비율이 크다는 문제에서 발생하는 것이다. 이는 행정서비스 비용이 줄어드는 것을 의미하고, 기부금이 충분하게 주민에게 환원되지 않을 가능성도 있다는 것을 잊으면 안 된다. 최대 30퍼센트의 원칙 속에서 기부금을 얼마나 모을 수 있는가에 대한 각 지자체의 대응력이 시험대에 오른 것이다.

답례품이 없더라도 구마모토(熊本) 지진피해 지역 등에는 거액의 기부금이 모이는 것처럼 고향납세 제도가 일본의 기부 문화를 키우는 면도 있다. 가미시호로는 구마모토 주민들과 애드벌룬을 통해 장기간 교류했던 적이 있다. 그런 인연 때문에, 가미시호로는 구마모토 주민이 낸 고향납세 기부금으로 피해 지역 어린이들에게 애드벌룬 체험을 할 수 있는 탑승권을 선물하기도 했다.

기금 조성, 투명한 운영

고향납세에서 중요한 것은 기부자의 열의에 보답하는 일이다. 기부금 사용처와 기부금 사용 방법도 중요하다. 다케시타(竹下) 내각 시절*, 지방창생사업을 위해 전국 지자체에 2억 엔의 지방교부금이 교부되었다. 교부라기보다는 뿌렸다는 표현이 더 적절하다. 그 돈을 지역 진흥에 사용하라며 사용 용도는 모두 지자체에 맡기고 정부는 관여하지 않았다. 각 지자체의 창의적인 노력을 기대했지만 그중에는 기념물 건축과 같은 어리석은 시도도 있었다.

일본에서 제일 긴 미끄럼틀로 유명한 거대한 놀이시설은 완성 3일 후 다른 지자체에 일본 제1의 자리를 빼앗겼다. 순금 27킬로그램의 용마루도 있었다. 일단 만들고 필요할 때 녹여 쓰면 그만이라고 생각한 것이었을까. 순금 가다랑어상은 일단 만들고 나중에 매각했는데 그 후엔 그마저도 도난당했다고 한다. 뉴욕과 위도가 같다는 이유로 자유의 여신상을 제작한 지자체도 있었다.

그러나 기금을 만들어 기부금을 적립하는 참신한 방식도 있었다.

---

*1987년 11월 6일부터 1988년 12월 27일까지의 시기. (역주)

가미시호로는 기부금을 허투루 사용하지 않고 이월하여 필요한 때에 쓰면 좋겠다며 전국 최초로 기금을 조성했다. 기부금을 활용하여 10년 동안 무상보육을 약속했다. 이렇게 하면 기금으로 운영하는 것이기 때문에 이후에 고향납세 제도가 폐지되는 등 상황이 변해도 이 약속을 지킬 수 있다.

2013년에 급증한 고향납세 기부금의 일반기부금을 재원으로 2014년에 '고향납세·육아 저출산 대책 꿈 기금'을 만들었다. 기금 활용 대상 사업 범위는 육아 지원, 저출산 대책의 자료에 근거하여 복지·보건·교육 등 넓은 분야에 걸쳐 있다.

저출산 대책은 마을의 지속적인 발전을 위한 최우선 과제이다. 보육, 교육, 의료, 장애아동 대책, 육아주택, 고용 전반에 대한 실질적인 대응이 필요하다. 고향납세 기부금으로 육아와 저출산 과제 해결을 도모한 것은 기부금이 마을 만들기에 유용하게 활용되었다는 증거이자 기부에 대한 감사의 메시지이기도 하다.

지방창생에 빠질 수 없는 육아·교육·고용정책의 중요한 재원을 기금으로 확보한 것이다. 기금으로 적립한 기부금은 기부한 연도뿐만 아니라 상시적으로 필요한 스쿨버스를 충당하거나 도서관 대출용 DVD 구입, 중학생 이하의 어린이가 있는 가정 지원 등에 사용했다. 또한 지역의 모든 초등학교에 35명 이하의 소수 학급을 구현하였다. 어린이 배움 충실사업으로 학급을 늘린 학년에 교원을 채용하고 그 외에 체육과 음악 등 전문 교원도 배치하여 교육의 질을 높였다.

'고향 초이스 어워드 2015'는 가미시호로를 동일본의 '요코즈나(橫綱)'*로 선정했다. 이 상은 다른 지자체의 모범이 되도록 원칙을 준수한 기부금 사용 방법이나 독창적인 아이디어를 제시한 지자체에 주는 것이다. 선정 이유는 기금 설치, 육아와 교육 부문 지원, 10년간 보육료 무료정책을 기부금으로 시행했기 때문이다.

육아와 교육의 꿈 기금 외에 고향납세·생애활약 보람 기금도 만들었다. 2017년 5월에 의회에서 통과되어 조성한 기금으로서 마을에 맡긴 일반기부금의 절반을 기금으로 적립하여 필요한 사업에 활용하고 있다. 고령자와 장애인 외출을 지원하는 순환버스 운행, 독거노인이나 거동이 불편한 환자의 집에 긴급전화 설치, 주민 건강 만들기와 배움의 장 만들기 지원에 사용한다.

이주자와 젊은 세대에게만 눈을 돌려 후하게 응대하지 않은 것이다. 마을 지역포용센터를 중심으로 의료와 간병, 생활지원 등의 지역포용케어사업을 실시하고 여기에 사회복지협의회, 사회복지법인, 의료법인 등이 협력하여 '㈜생애활약마을 가미시호로'를 만들어 고령자 복지도 실천한다.

2019년 1월, 독거노인 친목회가 개최되었다. 마을 내 130명의 독거노인이 참석하여 서로 교류하고 색소폰 연주, 중학생 합창 등 세

---

*스모의 1인자를 요코즈나라고 부른다. (역주)

대 간 교류를 했다. 다케나카 정장은 대회장에 웃는 얼굴과 웃음소리가 울려 퍼졌다고 말한다.

고독한 생활의 불안이 사라졌다. 병, 노화, 죽음의 공포, 괴로움과 맞닥뜨릴 일이 없다.

다케나카 정장은 친목회 축사에서 "언제까지 건강하길 바란다. 혼자 사는 여러분이 쓸쓸하지 않고 살기 편하게 지원하겠다"라고 말했다. 그의 처연한 발언 속에 강한 의지가 들어 있었다.

이러한 기금 사용 때문에 기부자의 신뢰가 형성되었고 투명한 기금 운영 때문에 기부자는 점점 늘었다.

제4장

고향납세

기부금의 활용

공인 어린이집

2012년 8월 「어린이·육아지원법」이 제정되어 유치원과 어린이집의 장점을 하나로 묶은 공인 어린이집 보급이 시작되었다. 가미시호로에서도 2015년 4월부터 이 법이 시행되어 가미시호로 '공인 어린이집 호론(ほろん, 이하 호론)'을 운영하기로 결정했다.

호론 개원을 결정한 배경에는 육아정책에 의한 마을 만들기 정책이 있었다. 그중에도 다케나카 정장의 육아·교육에 대한 집념과 고향납세 기부금을 기금으로 만든 것이 그 기반이 되었다.

호론 부지에 원시 숲체험을 테마로 우물 펌프로 물놀이를 할 수 있는 연못과 모래놀이터가 있는 정원을 설치하였다. 물놀이 등 옥외활동을 통해 어린이의 오감을 키우도록 했다. 이 사업에도 고향납세·육아 저출산 대책 꿈 기금을 활용했다.

젊은이가 지방으로 이주할 때 최대 과제는 고용, 육아, 그리고 교육이다. 육아와 교육에 대한 불안감을 안고 지방에 근무하거나 가족을 남겨두고 단신 부임하는 경우도 많다. 그 부담을 경감시키기 위한 지원이 중요하며, 젊은 세대도 육아 환경이 정비된 마을로 이주하고 싶어하니 그런 희망을 이루어주고 받아들이는 것도 마을의 미래를 위해 중요한 일이다.

보육에 대한 호론의 사고방식부터 서비스, 급식 수준은 정부 공인 어린이집을 훨씬 능가하는 수준이었다. 우선 일하는 부모인가와 상관없이 초등학교 취학 전 아동에게 교육과 육아 일체를 제공하고 상담 활동과 부모 모임 장소도 제공했다. 여기까지는 보통 공인 어린이집에서도 하는 서비스이지만 호론은 고향납세 기부금으로 2016년 4월부터 10년간 보육료 완전 무료를 실현하고 무료 급식도 제공하기로 했다.

또한 유아기부터 다문화 교류를 진행하기 위해 외국어 교사가 상주하며 3세부터 원어민을 통한 영어 교육을 실시했다. 이런 서비스 때문에 바로 인구가 증가했다. 어린이집이 개원한 해에 31명, 다음 해에 71명으로 마을 인구가 증가한 것이다.

호론은 지금도 마을의 인구증가를 이어가는 데 큰 기여를 한다. 개원한 2015년에는 정원 120명에 102명이었지만 지금은 180명 정도로 늘어났다. 늘어난 인원에 맞게 넓은 놀이 공간과 운동장이 필요했지만 실내 보육 면적이 좁아서 어린이집 건너편에 있는 마을사무소 옆의 공공시설에 0세부터 1세용 방을 별도로 증축했다.

이후에도 희망자가 더욱 늘어났는데 "대기자 없이 교사를 늘려야 하는 상황이 되더라도 전원 받아들인다"라는 다케나카 정장의 각오에 따라 계속 아동을 받았다. 이렇게 보육교육 서비스의 질을 유지시키면 고용 창출에도 연결되기 때문이다. 그런 주장이 맞다는 것을 증명하기라도 하듯 이주자 중에는 보육사 자격증을 가지고 호론에 근무하게 된 사람도 있다.

보육료 무료는 아이를 기르는 부모에게 큰 매력이다. 또한 어린이의 건강 향상과 보호자의 부담 경감을 위해 고등학생까지 의료비도 무료로 했다. 이런 매력에 끌려 이주한 사람이 적지 않은데 이것은 물론 고향납세라는 재원이 있기 때문에 실현이 가능한 일이다. 다만 언제까지 이런 상황을 기대할 수 있는가는 의문이었다. 호론 책임자 마쓰오카는 "우리도 그 사실을 잘 알고 있습니다"라며 이렇게 말한다.

누구나 보육료 무료가 아니어도 가미시호로에 살고 싶다고 말할 수 있도록 매력 있는 마을 만들기를 해야 한다. 그리고 매번 10억 엔, 20억 엔을 기부 받을 수 있다고 예상하는 것도 아니다. '기부금에만 의존하지 않고 지금 마을이 가지고 있는 여러 자원을 살려서 어떻게 발전시켜 나갈까' 하고 고민한다.

가미시호로는 일본 최초로 보육료 무료를 실현했지만 그 후에 이런 방식을 도입한 지자체는 몇 개 더 있다. 그렇지만 성과와 파급효과는 가미시호로에 못 미친다. 과연 무엇이 그들과 달랐던 것일까?

　　육아·교육 지원만으로 사람을 불러들이기에는 부족하다. 안심하고 이주하게 하려면 일과 거주를 분리해서 생각해야 한다.

그래서 호론을 열기 전에 고용과 주택 건설을 주도적으로 준비했다. 고용을 뒷받침할 수 있는 직장을 확보하기 위해 무료 직업소개소를 개설했고 임대주택 건설비를 조성했다. 지역 살기를 유도하기 위해 포괄적인 지원을 준비한 것이다.

전국 최초로 무료 어린이집을 실시하자 전국 신문 1면에 보도되기 시작했다. 다만 한편에서는 고령자들이 "젊은 사람만 잔뜩 불러들이고 계속 마을에 살고 있는 우리들은 없는 사람처럼 취급한다"라는 볼멘소리를 했다.

가미시호로뿐만 아니라 지방에는 고령자가 많다. 정책은 저절로 복지에 치우칠 수밖에 없다. 다른 한편으로 보면 유권자를 무시할 수 없고 결과적으로 정치가의 공약에서 고령자 정책의 비중은 높아진다. 젊은 세대가 없어져버려서 마을이 없어질지도 모른다고 하면서도 저출산 정책은 대부분 충분한 효과 없이 지지부진한 것이 현실이다. 그런 현실에 관여하는 것은 대단한 용기가 필요했다.

이제까지의 의료·간병·돌봄·거주·건강 서비스에 더하여 생애 활약 보람 기금을 창설하여 건강 포인트사업과 지역포괄케어시스템도 추진하게 되었다.

건강 포인트 제도
(걸으면 포인트, 배우면 포인트, 검진하면 포인트)

고령화사회를 맞이하여 가장 많은 재정을 차지하는 것이 의료비이다. 지방에는 젊은이보다 의료 의존도가 높은 고령자가 많기 때문에 국가의 의료교부금 지원이 중요하다. 일본의 고령화율(총인구에서 차지하는 65세 이상의 인구의 비율)은 약 28퍼센트인데, 홋카이도는 30퍼센트를 넘고 최고 비율인 아키타현(秋田県)의 고령화율은 약 35퍼센트이다. 이 비율은 갈수록 높아지고 있다. 가미시호로의 고령화율도 34퍼센트로 결코 낮지 않은 상태이다.

나이 들면 여기저기 아픈 것은 당연하다. 병이 들면 의사에게 진찰을 받으면 된다.

다케나카 정장은 10년째 만보기를 달고 걷고 있다. 10년간 걸은 거리가 지구 두 바퀴 거리라고 한다. 도쿄에 출장을 갈 때도 숙박하는 호텔에서 출장지까지 지하철역 1구간 정도는 쉽게 걸어간다. 또한 일을 하러 가기 전에 아침 산책도 빠트리지 않는다. 2018년에는

70세가 된 기념으로 생애 두 번째로 삿포로시 마코마나이(真駒内)에서 시코쓰호(支笏湖)까지 33킬로미터를 걷는 걷기대회에 도전하여 5시간의 기록으로 주파하였다.

이렇게까지 건강 유지를 위해 노력하는 다케나카 정장은 생애활약정책을 중요하게 생각한다. 모든 주민이 건강을 유지할 수 있고, 의사가 필요 없는 마을을 만들고 싶은 것이다. 건강하면 의료비를 줄일 수 있으니 고령화사회라고 반드시 의료비 부담으로 직결되는 것은 아닐 수도 있기 때문이다.

2018년 7월부터 시작한 건강 포인트 사업은 마을의 재정과 고향납세 기부금으로 실시하였다. 주민들이 지니고 다니는 만보기를 건강사업회사인 ㈜다니타헬스링크가 측정하여 매일 걷는 양과 칼로리 소비량을 측정한다. 이 사업은 참가 희망 주민에게 무료로 만보기를 대여하고 스스로 건강을 만들 수 있도록 독려하는 방식으로 진행된다. 그 결과로 축적된 빅데이터를 분석하여 주민의 건강 증진을 위한 정책 수립에 활용하는 방식이다.

이 사업을 위탁받아 실시하고 있는 ㈜생애활약의 거리 가미시호로는 걷는 양을 포인트화하여 연간 모은 포인트를 마을에서 사용할 수 있는 상품권으로 교환해준다. 항공사 마일리지와 같은 운영 방식이다. 400보는 1포인트이고, 1포인트는 1엔으로 환산한다. 1만 보를 걸으면 25엔을 모을 수 있지만 연간 최대 1만 엔까지로 상한선을 정했다. 상품권을 사용하면 마을의 상가에도 이득이 되니 1석 3조의 효과가 있다.

어디서나 정기건강검진과 암검진을 실시하지만 바빠서 잊거나 일부러 받지 않는 경우도 많다. 이런 검진을 받아도 포인트가 적립된다. 검진하여 암을 조기 발견하면 목숨을 구할 수 있을 뿐만 아니라 고액의 의료비 걱정도 사라지니 모두에게 이득이다.

실버 학교나 가미시호로 주쿠(塾, 통합강좌)에 참여하면 두뇌건강 체조를 통해 치매를 예방할 수 있으니 포인트로 적립해준다. 건강을 강요하는 것이 아니라 스스로 건강의 중요성을 생각해볼 수 있는 기회를 마을이 제공하는 것이다. 자연스럽게 건강을 챙기면서 보상도 받을 수 있는 사업을 실시하는 것이다.

말하자면 주민도 마을의 재산이니까 그것을 지키는 것이 행정 기관의 최우선 과제이다.

다케나카 정장은 지금도 1만 보를 넘게 걷고 있을 것이다.

덧붙여서 일본 후생노동성이 생활습관병 예방을 잘하는 지자체에 전폭적으로 지원하는 보험자 노력지원제도(2017년)에서 가미시호로는 홋카이도 179개 시정촌 중에 우수 사례로 선정되었다. 여러모로 가미시호로는 건강과 복지, 아이에서 고령자까지 모든 세대가 안심하고 살 수 있는 마을 만들기에 노력하고 있다.

정들면 고향, 주택 조성

2008년에는 정주 촉진 임대주택건설 조성사업을 시작했다. 주택 건축과 아파트 등의 용도에 따라 최대 300만 엔의 조성금을 지원받을 수 있다. 사업 시작부터 10년 동안 4억 9,278만 엔을 조성하여 294호의 주택을 건설했다.

민간의 사업 평가기준을 적용하여 경제적 파급효과를 조사해보니 건축비로 20억 엔을 절약했고, 이후에 발생한 수선비, 재산세, 주민세, 지역 내에서의 소비 등을 포함하면 40억 5,000만 엔이라는 경제효과를 냈다. 대부분의 입주자는 농업법인과 민간기업의 직원들이다.

이 사업의 목표는 이주자가 살 수 있는 집을 짓는 것이다. 고용 촉진의 의미도 크다. 이 문제가 해결되면 인구가 늘고 경제활동으로 이어진다. 처음에는 대상 사업자를 마을 내로 한정했지만 마을 외에서도 신청 건수가 급증했다. 그리하여 한층 더 이주자를 고려한 거주환경 정비사업을 진행했다.

주택 건설 지원은 고용 촉진을 위한 주거 환경 정비에 그치지 않고 육아 세대의 주택 구입으로도 이어졌다. 원래 토지 가격이 저렴했기 때문에 연 수입 500만 엔으로 멋진 내 집을 가질 수 있도록 하는 사업이었다. 여기에도 고향납세 기부금이 일부 충당되고 있다.

2014년부터 마을에 집을 짓는 경우에 아이 1명마다 100만 엔을 지원하는 육아주택 지원사업을 시작했다. 각 가정의 전체 아이의 수에 상관없이 3명이면 300만 엔, 5명이면 500만 엔을 지원했다. 집을 짓거나 구입해도 같은 조건이다.

마을 기업이 시공과 판매를 할 경우에는 50만 엔을 더 지원한다. 즉 아이가 3명이고 마을 기업이 공사를 하면 지원액은 350만 엔이다. 단 지원 대상을 중학생 이하의 어린이가 있는 세대로 한정하고 총액의 10퍼센트는 마을 상공회 상품권으로 교부한다. 이주자가 제일 관심 있어 하는 육아·교육·일자리·주거 중에 주거 문제를 해결하는 방식이다.

다케나카 정장은 주택정책은 건설만으로 완성되는 것이 아니라고 말한다. 지방에 가 보면 사람이 살지 않는 오래된 집들이 많다. 마을 경관을 해칠 뿐만 아니라 심해지면 어느 사이에 쓰레기 더미로 가득차서 쥐가 우글거리기도 하고 범죄의 온상이 될 수 있으며 폐허가 된 경우도 있다.

왜 폐허가 될 때까지 방치한 것일까. 가장 큰 이유는 철거 비용 때문이다. 도덕적으로 비난을 받는다 해도 계속 살지도 않을 집에 돈을 쓰기는 어려운 것이다. 알아서 처리해 달라는 말만 남긴 채 무책임하게 집만 남겨놓고 어디론가 떠나버린 것이다. 이는 지방에서 볼 수 있는 흔한 풍경이다.

2015년에 50만 엔을 상한으로 하는 노후시설해체 철거촉진사업을 시작했다. 지역 방범·방재 대책의 일환으로 주민의 안심·안전과 주거 환경 유지·향상을 목표로 자연의 풍부함과 아름다움이 실현되는 마을 만들기를 진행하기 위해 노후 시설 해체 비용의 일부를 보조하는 사업이다.

어떤 이주자로부터 이런 말을 들은 적이 있다.

가미시호로에 이주하기에 앞서 홋카이도를 시작으로 몇 군데 지역의 후보지를 돌아보았지만 다른 마을과 다르게 제일 인상적인 것은 청결함이었다.

사람은 인상이 80퍼센트라는 것처럼 마을의 인상도 중요하다. 현재까지 73가구가 이 제도를 이용하였다.

주 식 회 사 설 립

지방창생을 진행하기 위한 큰 목표의 하나로 지방경제 활성화를 들고 있다. 이를 위해 각 지자체는 기업유치정책을 제시하고 있지만 현실성이 높진 않다. 가미시호로에는 지방창생 5개년 전략이 시작된 2015년부터 몇 개의 새로운 회사가 설립되었다.

미에현 이세시(三重県 伊勢市)에서 새롭게 창업한 전통 있는 제과 회사, 도쿄에서 온 콜센터, 지역에서 회사를 설립한 재생에너지 회사 등이 있다. 라면집과 메밀국수 가게도 개점했다. 요즘 농촌에서는 매우 이례적인 일이다.

뿐만 아니다. 인구감소와 지역경제 피폐함에 대한 대책으로서 민간기업, 민원센터, 교육기관, 금융, 주민, 매스컴 이른바 '산관학금노

언(産官學金勞言)'이 연대하여 새로운 사업 주체를 설립하도록 독려했다. 가미시호로도 즉각 움직였다. 건강장수, 사는 보람이 있는 인생을 보낼 수 있는 시골을 목표로 공익성이 높은 ㈜생애활약마을 가미시호로와 관광안내소 경영, 여행업, 전력 판매, 지역 관광자원 등을 활용할 수 있는 ㈜카치(karch)를 설립했다. 이 회사들은 민관협동회사로서 가미시호로가 50퍼센트 이상 출자했다.

설립에 앞서 많은 우려가 있었다. 성공 사례가 적은 제3섹터(비영리조직)에 대한 불안감, 실패하면 누가 책임질까 하는 우려, 그 책임을 주민에게 전가할 것 같다는 걱정, 지금도 각 단체와 조직이 제 역할을 하고 있는데 굳이 회사를 만들어야 하느냐는 우려 섞인 말들이 그것이다.

이미 마을이 출자한 사업에서 억 단위의 손실을 입은 아픈 경험도 있다. 회사는 최악의 상황에는 부도가 날 수 있는 위험성을 안고 있다. 그럴 때 주주들은 기본적으로 출자금 범위에서 책임을 진다. ㈜카치는 사업을 위해 금융기관에서 융자를 받았다. 금융기관은 사업의 가부를 심사하여 결정했고 여기에 마을이 보증하는 등의 약속은 하지 않았다.

정부는 지방창생의 일환으로 민관협동사업을 지원하지만 실제로 지자체들이 나서서 그런 실천을 한 사례는 별로 없다. 더구나 가미시호로처럼 단기간에 2개의 회사를 설립한 사례는 거의 없다.

(주) 생애 활약 마을

이 회사의 경영 이념은 '주민이 활기차게 활약할 수 있는 다세대 커뮤니티 만들기'이다. 2017년 9월에 마을사무소, JA, 상공회, 사회복지협의회, 사회복지법인, 의료법인, 금융기관 4곳, 언론기관, NPO 등 지방창생정책에서 권장하는 산관학금노언 전부가 출자하여 회사를 설립했다.

사업 내용은 마을이 목표로 제시한 건강수명 연장으로서 지역포괄케어사업, 사는 보람과 사회참가 인재센터 사업, 인재 육성 가미시호로 공간 운영, 빈집·빈 점포 개조·이사에 대한 조사·상담 업무 등이다.

회사 설립에 앞서서 왜 회사인가, 의료·간병·예방·복지를 위해 다방면으로 노력하고 있는데 무엇이 문제인가, 책임을 누가 질 것인가에 대해 많은 논의가 오갔다. 물론 각자 노력하지만, 수직 행정의 폐해로부터 벗어나겠다는 의지를 회사 형태로 표현한 것이다. 새로운 사업의 필요성을 인정하면서도 '사람이 없다, 바쁘다, 예산이 없다, 너무 이르다, 담당과는 어디로 할 것인가' 등의 핑계로 사업이 미루어지거나 처박혀 버리고 마는 사례를 극복해보자는 취지이다.

회사가 위탁받은 건강 포인트 사업은 건강수명 연장을 위해 의미 있는 사업이라고 평가했다. 그러나 보건복지, 스포츠, 생애학습, 지방창생 기획에 대한 회의에서는 언제나 같은 내용만 되풀이될 뿐이어서 시간만 허비했다. 그래서 그 해결책의 하나로서 분과라는 수직

적 구분이 아니라 수평적으로 관통하여 연결하는 역할을 하게끔 만든 것이 이 회사이다. 수직 행정의 폐해를 시정하고 행정서비스를 신속하게 하고 서비스 질을 향상하겠다는 것이다.

포인트 사업에는 2019년 1월 기준으로 150명의 참가 모집 인원에 400명이 참가하는 등 성황을 이루었다. 마을에서는 그 다음해에도 신청자가 늘어날 것을 감안하여 예산을 편성했다. 이제까지 필요하다고 말하면서도 할 수 없었던 인재센터, 독거노인과 고령자 세대의 이사 상담 등 실질적으로 주민의 바람에 부응하는 사업을 만들기로 했다. 가미시호로 상공회 회장이자 건설 회사를 운영하는 고데라 도모유키(小寺友之)가 대표를 맡았다.

위험 요소가 없다면 사업이 아니고 민간이 아니다. 이것이 핵심이다. 이제까지와 똑같은 방식이라면 마을은 아무것도 바뀌지 않는다. 위험 요소가 있는 채로 사업하면서 새로운 일에 도전하여 성과를 올리려고 한다.

위탁 사업이었기 때문에 계속 민간 영역에 있던 고데라 사장으로서는 추진 방식이 만족스럽지 않았다. 그러나 행정기관의 손길이 미치지 못하는 사업을 해야 한다는 필요성이 절실했기 때문에 행정기관과 다른 방식으로 사업을 진행하고자 했다.

인재와 인력 부족으로 할 수 없었던 일을 가능하게 만들어 지속

하면서 행정서비스에까지 영향을 미쳐 행정서비스의 질을 높이려
고 한다. 이 회사만이 할 수 있는 일이라고 결심했다. 관계 기관
과 긴밀히 상의해야 하고 지역포괄사업이나 이주촉진사업 등 해
야 할 사업도 아직 많다. 회사 자체적으로 독자적인 사업도 만들
생각이다.

(주) 카 치

가미시호로는 또다른 참신한 도전을 시작했다. 2018년 5월,
민관이 협력하여 관광지역상사(DMO, Destination Management
Organization) ㈜카치(karch, https://karch.jp)를 설립했다. 다케나
카 정장은 이 회사에 다른 사업과는 또 다른 의미의 뜨거운 기대를
했다.

마을에는 매력 있으면서도 경제활동으로 연결되지 않는 관광
자원이 많다. 관광에 의한 마을 만들기를 민관협동으로 진행하여
새로운 사업 모델을 만들 수 있다고 확신한다.

목표는 '가미시호로의 사람, 소재, 역할, 사업의 징검다리'로서 살
고 싶고 방문하고 싶은 관광 지역을 만드는 것이다.
덧붙여서 회사 이름 'karch'는 '마을의 가치(일본어로 카치로 발음)
를 발견하고 전달하는 회사로'라는 의미이며, 한편으로는 가미시호

로의 머리글자 'K'와 관광자원의 하나인 아치교의 의미도 담았다.

사장에 취임한 와카스기 세이치(若杉淸一)는 홋카이도 기타미시(北見市) 출신으로 리쿠르트사의 통신사업부문 담당자였고 도호쿠(東北) 비영리조직의 적자 사업을 흑자 사업으로 만든 경영 수완이 있는 사람이다.

가미시호로는 고향납세로 착실히 성과를 내어 인구도 증가했기 때문에 지자체로서 가능성이 큰 편이다. 다이세쓰 산 국립공원과 콘크리트 아치교, 누카비라 온천향 등 훌륭한 자연환경과 관광자원도 풍부하지만 일상생활에 많은 사업의 싹이 잠들어 있는 곳이기도 하다. 농촌 풍경이나 농업 체험은 농가에서 보면 아무것도 아닌 것 같지만 그런 지역자원도 수익에 연결될 수 있는 기회이다.

그는 농업 체험과 땅에서 살기의 가이드도 상품화가 가능하다고 바로 아이디어를 제시한다.

먹거리는 수확한 생산물을 곧바로 가게에 쌓아두고 판매하는 것이 아니라 우선 실험적으로 나이타이 테라스에서 판매해본다. 거기에서 좋은 평가를 받으면 관광안내소에서도 판매한다. 그런 과정을 반복하여 상품력을 키워 온라인 판매도 한다.

많은 사업 구상이 와카스기 사장의 머릿속에서 진행되고 있는 것

이다. 카치는 나이타이 테라스와 관광안내소(道の駅)(2020년 개소, https://karch.jp/michinoeki) 운영도 맡고 있지만 이후 이 마을의 핵심이 될 이런 시설의 완성 여부가 마을의 운명과 경제 활성화의 열쇠가 된다는 책임감도 막중하게 여기고 있다. 그 외에도 마을 홍보 활동, 이벤트, 개발, 민박 등의 숙박형 체험 상품을 다루는 여행업 사업도 진행한다.

와카스기는 마을 전체를 상품화하겠다고 구상한다. 그중에서도 빠트릴 수 없는 것이 전력소매업이다. 바이오가스로 발전한 전력은 계약과 법률상 일단 홋카이도전력에 판매하고 일부를 회사가 사들이고 있지만 앞으로는 주민에게 환원하려고 한다. 그렇게 되면 에너지 지산지소(地産地消)* 마을이 되어 지역발전이 실현되는 것이다. 거대한 하나의 지방창생이다.

사업의 최종 목표는 고용이다. 주민은 먹거리를 생산하고 관광 상품을 만든다. 우리의 거래처는 제작자가 아니라 주민이다. 그렇게 되면 이익뿐만 아니라 고용도 생겨난다. 그런 마을 만들기를 통해 젊은이가 돌아오고 이주로 이어지는 일도 기대할 수 있게 된다.

---

*지역에서의 생산을 지역 내에서 소비한다는 의미로서 자금을 지역에서 모은다는 의미를 강조한 것. (역주)

제5장

창업 공간

참가비 500엔의 호사스러운 강좌

이것을 도시에서 진행했다면 문화스쿨이라고 말할 수 있을까, 강연회라고 할 수 있을까. 가미시호로는 이제까지 있었던 것 같았지만 없었던 새로운 강좌를 개강했다. 바로 '생애활약 가미시호로 주쿠(塾, 통합강좌)'이다.

2018년에는 7월 21~22일까지 2일 동안 1기 강좌를 시작했고 3기까지 공개 토론회를 포함하여 총 21회의 강의를 열었다. 부제는 '가미시호로이기 때문에 할 수 있는 일. 가미시호로에서만 할 수 있는 일. 함께 배우고, 새롭게 자기다움을 발견하고, 새로운 고향 찾기를 하지 않겠습니까'라고 표기했다.

큰 고향납세 효과도 거두었고 과소마을이면서도 인구가 증가한 가미시호로이지만 한층 더 의지를 다지며 강좌를 연 것이다. 30년 전 마을과 규슈의 대학이 협력하여 만든 마을 칼리지(제2장)를 가능케 한 생애학습정책은 문부과학성이 선도했지만 지금은 건강수명 연장의 관점에서 지방창생·생애활약마을을 추진하는 내각부가 적극적으로 나서고 있다.

2018년에 실시한 생애활약 가미시호로 주쿠는 지방창생 추진 교부금대상사업으로서 채택되어 재원을 확보했고 마을이 주최하되 마을 만들기 회사 ㈜생애활약마을만들기 가미시호로에 운영사무국을 두었다. 이를 거점으로 마을도 회사도 마을 만들기를 위한 다음 단계를 추진하고 싶은 것이다.

목적은 나이에 상관없이 개인이 활약할 수 있는 장소를 제공하는 것이지만, 몸과 마음이 건강하려면 새로운 만남과 자극이 필요하기 때문에 강좌를 개설한 것이다. 학교처럼 책을 놓고 교사의 말에 귀 기울이는 방식은 아니었다. 그럼 누가 무엇을 누구로부터 배운다는 의미일까.

주민에 한정하지 않고 마을 이외의 사람도 포함하여 연령과 성별, 출신에 관계없이 여러 사람이 참가할 수 있도록 문호는 열려 있다.

마을의 장래를 어떻게 할까? 미래의 10년 문제를 주민에게 이해시키는 것은 정말로 힘든 일이다. 마을의 미래상이나 중장기 계획은 있지만 이해당사자와 담당과는 알고 있어도 현실의 행정운영이 다른 계획과 어떤 관련성을 있는가에 대해 직원 전체가 모두 이해하기는 어렵다. 주민에게까지 자연스럽게 전하는 것은 더 어렵다. 강좌를 통해 그런 문제를 해결하고자 하고 앞으로 마을의 진행 방향에 대해 함께 생각해보고자 한다.

강좌는 다케나카 정장이 일관되게 말해온 배움의 소중함이 반영된 시도이다. 지방창생에 대한 설명회와 회의에서 말해온 것도 포함하여 각 전문 분야의 일류 강사진을 초대하고 이러한 대화의 장을 통해 다른 관점과 각도에서 이해를 돈독하게 하려는 시도인 것이다. 1기 강좌의 주제는 지방창생이었다.

국가 전체의 그리고 마을의 과제가 된 지방창생은 주민에게 어떤 의미일까. 간단하게 답하기는 어려운 문제다. 주민들은 일상생활 속에서 지방창생을 직접석으로 의식하고 있지도 않고 우선은 하루하루의 삶이 더 중요한 상황이다. 그러나 언제나 마주치는 마을의 관계자 동료들과는 다른 새로운 감각을 갖고 있는 강사의 말을 들어줄 수는 있다. 반복해서 들으면 새롭게 이해할 수도 있다. 이렇게라도 노력하지 않으면 성과를 기대하기 어렵고 시대에 뒤처져 엉망이 될 수도 있다. 주민들이 조금이라도 각 강좌의 주제에 관심을 갖고 이해하고 마을의 미래를 걱정하게 되면 좋을 것 같다.

1기 강좌에서 실시한 6개 강의의 세부 주제는 지방창생이란 무엇인가, 인구감소 문제, 지방 소멸 위기, 일본 재생과 지방의 역할, 지방의 풍요로움을 재평가한다, 고향 회생의 시작, 지방이 일본을 구한다, 누구에게나 있는 사회 기회 등이었다.

강사들로는 도시에서도 초청하기 어려운 저명인사를 모셨다. 고향납세로 일약 전국에 유명해진 가미시호로의 명성과 다케나카 정장의 인맥 그리고 참신함에 이끌려 강사들도 관심을 보이며 참여했다. 어떤 강사는 가미시호로가 이제까지 시행한 사업을 통해 만든 빅데이터의 매력에 이끌려 강연을 수락했다고 말했다.

참가비는 1일 500엔이었지만 의미 있는 참신한 기획의 강의가 시작되었다. 첫 번째 강사는 일본창성회의 대표이자 전 총무대신인 마스다 히로야(增田寬也)였다.

명사들의 특강

마스다 씨의 강의 주제는 '인구감소시대의 지방의 역할과 전략'이었다. 그가 좌장을 맡고 있는 일본창성회의는 '2040년에 1,800개 지자체의 절반이 소멸한다'는 마스다 보고서로 유명하다. 그런데 그 보고서의 대표 저자인 마스다 씨가 바로 그 소멸 대상인 지자체에서 강의를 하는 것이다. 다른 곳과 달리 인구가 증가하는 추세라고 하지만 주민의 인식이 좀 더 달라져야 할 필요는 있는 상태였다. 따라서 마을과 특별한 이해관계가 없는 마스다 씨가 객관적인 데이터를 근거로 인구감소 문제에 대해 이야기하는 것은 특별한 의미가 있었다.

마스다 히로야

그는 소규모의 지자체가 오히려 주민에게 정책의 의미를 전달하기에 더 낫고, 민박이나 카풀 같은 서비스는 도시에서 새로 도입하기는 어려운 서비스이지만 지방 쪽이 오히려 유리하다고 강조했다. 지역 기업의 업무 개혁에 투자하는 방식 등을 통해 지방을 젊은이들에게 매력 있는 장소로 알리고 U턴을 통한 인재 영입도 노력할 필요가 있다고 말했다. 아울러 지방 소멸 위기감에 대한 인식이 부족하다고 지적하면서 지방창생을 위해 지역의 매력을 브랜드화하여 인재를 육성할 필요성을 제시했다.

두 번째 강사는 고향납세 아이디어의 창안자인 후쿠이현(福井県)의 니시카와 잇세이(西川 一誠) 지사였다.

이제부터는 고향납세자가 기부금의 사용처를 선택할 수 있는 프로젝트 응원형이 중심이 될 것이다.

기부 답례품만 목적으로 한다든지 그중에서도 총무성이 지도하는 틀을 벗어나 기부자의 사행심을 부추기는 지나친 답례품을 제공하는 등 본래의 취지를 일탈하는 경향을 비판하며 더 나은 제도의 활용 가능성에 대해 강연하였다.

이외에 정부의 지방창생정책의 하나로 주목받고 있는 CCRC(Continuing Care Retirement Community, 건강할 때부터 요양할 때까지 안심하고 살 수 있는 커뮤니티) 전문가 미쓰비시총합연구소의 마쓰다 도

니시카와 잇세이

모오(松田智生) 수석연구원, 전국 지자체의 창구 역할로서 지방을 응원하는 고향회귀 지원센터의 다카하시 히로시(高橋公) 이사장, 투자회사의 시부자와 겐(渋澤健) 회장, ㈜소피아뱅크의 후지자와 구미요(藤沢久美代) 대표 등이 강사로 참여했다.

도쿄대학교 전 총장 고미야마 히로시(古宮山 宏)도 강사로 참여했다. '플레티넘 사회'*라는 개념을 제안한 고미야마 전 총장은 가미시호로의 인구 변화와 에너지 순환경제에 대한 관심이 높았다. 특히 자기실현은 자연공생 상태에서만 가능하다며 생태의 중요성을 알기 쉽게 설명했다.

2기 주제는 '지방의 미래를 만드는 혁신'이었다. AI(인공지능), 무인자동차 분야의 전문가가 강사로 참여했으며, 강연 외에도 '재생가능 에너지에 의한 지역 활성화 전략'이라는 주제로 토론회도 진행했다.

3기 주제는 '서로 협력하는 지역사회'로서 건강과 의료에 대한 강의를 진행했다.

다케나카 정장은 이 강좌를 일회성에 그치는 것이 아니라 계속 진행할 계획이라고 한다. 목표는 '가미시호로 주쿠'를 브랜드로 만드는 것이라고 하지만 적어도 이 시도를 통해 ㈜생애활약마을 가미시호로도 위탁운영 실적과 경험을 쌓았다. 현재 '가미시호로 주쿠'는 다케나카 정장의 말대로 브랜드화되어 기수마다 200명이 듣는 유명 강좌가 되었다.

---

*플래티넘 사회에 대해서는 http://www.platinum-network.jp/index.html 참조. (역주)

생애학습센터

생애학습센터 왓카는 마을사무소 건너편에 설치되어 있다. '왓카' 라는 말은 홋카이도 말로 '바퀴(테두리)'를 의미한다. 마을은 주민이 활기차게 모이고 만남이 넘치는 정겨운 장소라는 의미이다.

2017년에 재건축하여 만든 왓카 건물은 2018년에 홋카이도 벽돌 건축상도 수상했다. 그때까지는 도서관, 교육기관, 방과 후 학교, 고령자 관계시설이 서로 다른 건물에 있었지만 하나의 건물에 모두 재배치하였다. 이외에 문화센터와 각종 회의실, 카페, 체육시설을 설치했고, 동서와 동북으로 관통하는 산책길에는 의자와 테이블을 설치하여 식사, 학습, 전시, 정보수집 등의 활동을 누구나 자유롭게 할 수 있는 시설이다.

이러한 종합학습건물의 의미에 대해 가지 씨는 이렇게 설명한다.

왓카에는 방과 후 학교가 있어서 초등학생들로 북적거린다. 도예교실 등 문화센터에 고령자도 모여든다. 자연스럽게 세대 간 만남이 생겨난다. 시골에서도 3대가 동거하는 세대가 줄어들어 아이들은 낮부터 고령자와 접하거나 만날 수 있는 기회가 드물다. 말하자면 조상들의 지혜를 배울 수 있는 기회가 없다는 것인데 이곳에서는 만나고 뭔가 새로운 것이 만들어질 수 있는 기회가 많다. 이곳에서 할아버지로부터 배운 겐다마(劍玉, 옛날 놀이도구)가 순식간에 초등학생들 사이에 유행하면서 마을에 겐다마 클럽이 생기기도 했다.

음료 코너에서는 장애인도 고용한다. 다양한 입장의 사람이 서로 인정하며 배울 수 있다. 돌보는 많은 눈들이 있어 아이들의 따돌림이 일어나기 전에 방지할 수 있어서 보호자도 안심하고 일에 전념할 수 있다.

왓카의 교실에서는 여름방학에 중고교생을 대상으로 한 학습 강좌를 무료로 개최한다. 마을에는 도시에서 운영하는 것과 같은 학습 강좌가 없기 때문에 홋카이도 유명 강좌의 강사가 출장 지도한다. 이 강좌로 인해 이주자도 수험생의 입시 등 교육에 대한 불안감을 해결할 수 있게 되었다. 물론 이 강좌의 운영에도 고향납세 기부금이 사용되고 있다.

시골에서도 교육의 질을 높이겠다는 생각의 일환으로 초등학교 소수 학급도 만들었다. 마을 자체적으로 임기제 교원을 채용하여 인원수가 많은 2학년과 5학년의 1학급당 학생 수를 20명 이하로 하여 2학급으로 편성했다. 다른 학년도 각각 35명 이하의 소수 학급이다.

소수 학급을 만들면 담임교사가 세심한 지도를 할 수 있다. 학생은 집단생활과 수업에도 잘 적응할 수 있으며 등교 거부도 일어나지 않는다. 어린이별로 적합한 학습지도를 하여 학력도 향상될 수 있다. 그런 효과가 전국 학력 테스트 결과로 나타나 학생들의 능력이 확실히 나아졌다고 한다.

마을에 일거리가 있어도 복지와 교육 지원 기반이 없다면 이주하지 않겠다는 말은 나오지 않는 상황이 된 것이다. 뿐만 아니다. 다케나카 정장이 강조하는 '배움의 소중함'은 이주 촉진과 밀접한 문제이기 때문에 더 많은 계획을 하고 있다.

요즘 고등학생들은 공부는 학교에서만 하는 것이라고 생각한다. 교사의 역할도 학교나 학급 전체를 파악하는 코디네이터 역할에 머물러 있다. 어린이들에게 최대한의 영향력을 주기 위한 역할에 대해 좀 더 고민할 필요가 있고 이를 위해 행정기관도 아낌없이 지원할 예정이다. 조기 해외 유학도 생각하고 있다.

그러고 보니 호론에서는 외국인 교사가 영어를 가르치고 있기도 하다. 시골과 국제화는 관련 없다는 말이 통용되지 않는 현상이다.

호주 대학에서 자기 학교의 학생과 가미시호로의 학생이 인터넷을 통해 어학과 문화 교류를 하면 좋겠다는 연락이 오기도 했다. 특히 학생 친구를 통해 일본어를 배우겠다는 것이다. 그러면 우리는 영어를 가르쳐 달라고 해야 하나.

이미 인터넷 시대이기 때문에 국경의 구분도 없다. 물론 도시와 시골도 그렇다. 그렇기 때문에 다케나카 정장은 마을 전체의 ICT 인

생애학습센터 왓카

프라를 발전시키길 바라고 있다.

왓카에서는 소소한 것이지만 대단히 중요한 교육활동도 한다. 교육위원회의 지역부흥협력대 사회교육추진원으로 활동하는 하시모토 가나요(橋本 香奈代)는 독서 시스템 정비도 하고 있다. 왓카의 도서관 도서 목록을 데이터베이스화하여 도서관으로서의 기능을 높이고 사서와 이용자들이 검색을 쉽게 할 수 있는 시스템을 만들었다.

가미시호로에는 서점이 별로 없어서 도서관이나 학교 도서실의 역할이 중요하다. 1992년까지만 해도 도서관조차도 없어서 독서추진 단체 이야기 모임의 회원이 책을 읽어주는 활동을 하기도 했다. 이런 소소한 봉사활동이 아이들 사이의 독서 문화를 키워 도서관이 생기게 되었고 그 도서관이 있는 왓카가 중심 공간이 된 것이다. 지금도 그 봉사활동 단체는 계속 마을 초등학교에서도 책 읽어주기 봉사활동을 하여 2018년에는 문부과학대신 표창장을 받았다.

하시모토도 사회교육추진원으로서 독서추진계획을 추진하여 봉사활동 단체뿐만 아니라 지역 보호자와 주민의 협력으로 아침 독서 활동도 한다. 매일 아침 등교 후 15분 동안 아침 독서 시간을 정해 저학년 학생들에게 책을 읽어주는 프로그램인데 학교의 정식 수업으로 정착되었다. 이런 활동을 진행한 결과, 2016년부터 시작해 일 년이 채 지나지 않았는데 아이들의 의식은 크게 변하게 되어 독서를 좋아한다는 아이들이 싫다고 말하는 아이들보다 훨씬 많다는 조사 결과도 나왔다. 이렇게 어려서부터 배움의 소중함을 몸에 익힌다면 마을의 우수한 인재, 큰 재산이 될 것이다.

어린이는 마을의 보물이며 국가와 국민의 보물이다. 가미시호로에서 나고 자랐어도 머지않아 대도시든 해외든 진학과 취직을 위해 자유롭게 선택하여 이동할 수도 있다. 이들이 국민의 재산이라면 고향납세 기부금을 육아에 쓰는 것은 당연하다. 여기에만 써야 한다고 미리 범위를 제한할 필요는 없다. 가미시호로 출신 어린이들이 어디에서 어떻게 살더라도 사회에서 좋은 활약을 하는 것을 기대한다. 물론 거꾸로 도시의 어린이들이 가미시호로에 오는 것도 대환영이다.

지방창생은 그 지방만의 문제가 아니라 국가와도 직접 연결되는 문제임을 강조하는 대목이다.

창업 공간과 인재 활용

가미시호로는 창업 공간도 만들었다. 이 공간은 지역자원을 살린 창업과 신규 사업 개척에 관심이 있는 예비 창업자의 배움의 장으로서 창업가의 사고방식, 경영전략 등을 강의하거나 도카치 지방의 젊은 기업가와 교류, 사업현장 견학 등의 프로그램도 진행한다. 마을 내외에서 수강자를 받고 수강 후에는 창업지원자금도 제공한다.

대표는 요코하마시(橫浜市) 공익재단법인 창업가 지원재단이사장이었던 마쓰이 토시오(松井 利夫) 회장이다. 마쓰이 회장은 마을에 집을 마련하였고 2008년부터 가미시호로 마을 만들기 어드바이저를 맡아 마을의 문제에도 정통하다. 인재 육성을 통한 지역 활성화에 열정을 가진 경영자이다.

마을에서 새로운 경영자가 생기지 않으면 지역은 활성화되기 어렵다. 의욕이 있는 창업가를 계속 지원하고 싶다.

취임과 동시에 지원 자금 3,000만 엔도 기부했다. 다케나카 정장은 마쓰이 회장의 호의에 감사하며 이 공간의 활약도 기대하고 있다.

창업 공간에서 창업자가 나타나 활약하면 지역 활성화의 모델도 되고 전국에서 그 기회를 찾고 있는 사람들에게도 자극이 될 것이다. 인재가 커가는 것만큼 즐거운 것은 없기 때문에 늘 기대한다.

㈜생애활약마을 만들기 가미시호로도 가미시호로 인재센터를 설치하여 인재 활용을 시작했다.

당신의 지식과 경험을 살려주세요!

인재를 발굴·등록하고 원하는 사람에게 인재를 공급하는 중개업에 진출한 것이다. 예를 들어 농번기의 농가에서는 인력이 부족하거나 도움이 필요한 고령자도 있다. 그 외에도 컴퓨터로 간단한 자료

작성, 제설, 창고 관리, 가정교사, 편지 대행, 목공이나 페인트칠하기 등 생각 이상의 많은 일감이 있다. 한편으로는 정년퇴직하여 시간이 남는 사람, 경력이 단절된 주부도 있다. 이들을 서로 연결하는 것 또한 지역에서는 중요한 일인 것이다.

인재 등록 요건은 18세 이상이라는 것 외엔 별도의 조건은 없다.

생애 현역, 청춘의 시(詩)

사무엘 울만(Samuel Ullman)이라는 미국 시인의 시는 전후 일본인에게 용기와 희망을 주고 고도 경제성장의 원동력이 될 정도로 큰 인기를 끌었다. 말하자면 일본인에게는 인생의 응원가인 셈이다.

청춘

사무엘 울만(조동성 역[*])

청춘이란 인생의 어떤 한 시기가 아니라, 어떤 마음가짐을 뜻한다.

청춘이란 장밋빛 볼, 붉은 입술 그리고 유연한 무릎을 뜻하는 것이 아니라,

강인한 의지, 풍부한 상상력, 불타는 열정이다.

---

[*] https://blog.daum.net/widerock1/5209876?category=1491930 (역주)

청춘이란 인생의 깊은 샘에서 솟아나는 신선한 정신이다.

청춘이란 두려움을 물리치는 용기와 안이함을 뿌리치는 모험심을 의미한다.

때로는 스무 살의 청년보다 예순 살의 노인이 더 청춘일 수 있다.

나이를 먹는다고 누구나 늙는 것은 아니다.

이상을 잃어버릴 때 비로소 늙는 것이다.

세월은 피부를 주름지게 하지만, 열정을 상실할 때 영혼이 주름진다.

근심, 두려움, 자신감의 상실은 정신을 굴복시키고 영혼을 한낱 재로 소멸시킨다.

예순이건 열여섯이건, 모든 인간의 가슴속에는

경이로움에 대한 호기심, 아이처럼 왕성한 미래의 탐구심과 인생이라는 게임에 대한 즐거움이 있다.

그대의 가슴 나의 가슴 한가운데는 이심전심의 무선국이 있다.

그것이 조물주와 사람으로부터 나오는 아름다움, 희망, 생기, 용기, 힘의 메시지를 수신하는 한 당신은 그만큼 젊을 것이다.

그대가 기개를 잃고, 정신이 냉소주의와 비관주의의 얼음으로 덮일 때,

그대는 스무 살이라도 늙은이이다.

그러나 당신의 기개가 낙관주의 파도를 잡고 있는 한,

그대는 여든 살로도 청춘의 이름으로 죽을 수 있는 희망이 있다.

시골의 진화

다케나카 정장도 이 시를 좋아한다. 정장이 마을의 테마로 잡은 생애활약이라는 개념이 이 시 속에서 확실히 보인다.

1960년에 생애교육이라는 개념이 생겼다. 연령에 따라 배울 것이 있다는 개념이다. 결혼을 하면 육아를 해야 한다. 대학만으로 모든 것이 결정되는 것이 아니라 그 후에라도 어떻게 배우느냐에 따라 그 사람의 가치는 계속 달라질 수 있다. 한정된 기간 속에 가치가 제한되는 것이 아니라 어쩌면 죽을 때의 가치가 최고조라는 의미이다. 살며 배움을 축적하는 것은 대단한 자산인 것이다.

제6장

이주자와

인구증가

기적의 인구증가

지금 지방이 안고 있는 최대의 문제는 인구감소이며 홋카이도 지방 역시 그러하다. 홋카이도 내 최대 도시인 삿포로시로 인구가 집중하고 있지만 아사히카와시(旭川市)나 쿠시로시(釧路市) 같은 중소 도시에서는 집들의 감소가 나타나고 있고 작은 마을에서의 인구감소는 마치 경쟁처럼 진행되고 있는 상황이다.

그 가운데 가장 큰 문제는 노동력이 있는 생산연령 인구(15~64세)의 감소이지만 미래의 노동력이라 할 수 있는 14세 이하 인구 역시 전국에서 가장 빠른 속도로 감소하고 있다. 그 근거로 출산율 저하를 제시하기도 하는데 이는 홋카이도 지방에서 미혼 여성 비율이 높고, 육아휴직 제도가 있는 기업의 비율이 낮다는 사회경제적 이유와도 관련이 있다. 또한 아이를 낳을 수 있는 젊은 세대가 일자리를 구하러 홋카이도 지방 밖으로 나가는 비율도 높다.

그런 홋카이도에서 거의 유일하게 예외적으로 인구가 증가하는 곳이 가미시호로이다. 고향납세로 인한 기부금만으로 인구가 증가한 것일까.

인구감소, 저출산, 고령화 문제는 자연 치유되는 것이 아니다. 도시인들에게 빨리 지방으로 오라고 요청만 할 것이 아니라 우선 지역경제를 활성화시켜 이주의 흐름을 만들지 않으면 사람은 움직이지 않는다. 지역마다 틀림없이 무언가 자원이 있을 것이고 그 것을 발견하여 어떻게 사람을 움직이게 할 수 있을까를 궁리해야 한다. 기회는 반드시 있다.

그렇다면 가미시호로는 어떤 기회를 발견한 것일까.

예를 들어 어떤 마을에나 골칫거리인 빈 점포가 있다. 빈 점포도 하나의 자원이다. 그것을 자원이라고 생각하기 시작한 순간 그와 관련된 일거리도 구상할 수 있다. 그렇게 되면 일거리를 찾는 이주자를 불러들일 수 있다.

마을로부터 이주·정주 촉진 사업을 위탁받아 진행하고 있는 콘시어지는 지금도 도시로부터 사람을 불러들일 수 있는 방안을 궁리하고 있는데 그렇다면 중요한 것은 결국 방법이라는 의미이다. 그것이 본래의 지방창생의 목표이기도 하지만 가미시호로는 고향납세의 수혜를 받기 이전부터 여러 방법들을 시행하여 수많은 시행착오 끝에 자신감을 갖게 되었다.

가미시호로는 2012년부터 2021년까지 10개년 제5기 통합계획을 수립했다. 계획의 기반은 인구로서 2010년 기준으로 주민기본대장에 5,298명, 인구조사에 5,080명이라고 나와 있는 수치를 코호트 변화율법*을 따라 계산해보니 2021년에는 4,281명이라는 수치가 나왔다. 국립사회보장·인구문제연구소는 4,556명, 일본창성회의는 4,489명으로 추정했다. 이때 다케나카 정장이 정한 목표 인구수는 5,000명이었다. 물론 발표에 앞서 수많은 직원들이 격렬하게 반대했다.

가미시호로는 살아 있다. 노력한다면 인구감소를 멈출 수 있다.

다케나카 정장의 이러한 설득으로 최종적으로 5,000명을 설정했다. 다케나카 정장은 목표 인구수를 설정하기에 앞서 "숫자에는 인

---

*코호트 요인법은 전통적인 인구학적 방법으로 인구추계를 위해 출생과 전입을 더하고, 사망과 전출을 감하여 작성된다. 인구 변화는 출생, 사망, 전입, 전출 등 네 가지 요인에 의해 결정되는데, 이는 인구변동 요인으로서 인구추계를 위한 필수적인 요소이다. 코호트 요인법은 인구변동 요인의 특성을 잘 반영하므로 시군구별 자료의 신뢰성만 확보할 수 있다면 지역 특성을 반영하여 정확하게 미래 인구를 예측할 수 있다. 특히 이 방법은 전국 추계인구와 소지역 추계인구가 일치하도록 추계함으로써 다른 방법에 의한 추계보다 설명력이 높다(http://kostat.go.kr/attach/journal/11-2-1.pdf p. 2 참조). (역주)

구문제를 극복하기 위한 강한 의지가 포함되어 있다"라고 말했다. 승산이 있다는 생각으로 새로운 정책을 추진하기 시작한 것이다. 그렇다고 하더라도 그때에는 현실 이상의 큰 각오가 필요했을 것이다. 그때의 상태를 감안한다면 4,200명 정도라고 목표 인구수를 발표하는 게 좋았을지도 모르지만 그것을 바꾸는 것이 정치라고 말하며 5,000명이라고 발표함으로써 각오를 다진 것이다.

어떠한 것도 강한 의지를 가지고 시행하는 것이 중요하다. 높은 목표를 세우지 않으면 정책을 만들 수도 없고 불안하다. 감소하기 위한 정책을 세운다면 그건 마을을 위한 정책이 아니다.

발표 때에는 감소세였지만 증가세로 전환되기 시작하더니 다케나카 정장의 예상 시기보다 이른 2018년에 인구 5,000명을 넘게 되었다. 고향납세 기부금 덕이기도 했지만 정보를 알리는 것 또한 중요했다고 다케나카 정장은 평가한다.

예를 들어 '돈이 없어도 지방에서 풍요롭게 살 수 있다'는 정보를 알리는 것이 중요하다. 도시보다 연수입이 10퍼센트, 20퍼센트 적어도 지방에서의 삶의 질이 떨어지지 않는다는 것을 보여주어야 한다.

다케나카 정장은 예전에 시즈오카현 가게가와시(静岡県 掛川市)에서 시장을 7회나 연임했고 생애학습을 제창하며 전국 지역 만들기 추진협의회 회장을 맡았던 고(故) 신무라 준이치(榛村 純一)에게 배우는 과정에서 들었던 '숙명적 주민과 선택적 주민이 있다'는 말을 다시 한 번 생각해냈다.

부모처럼 숙명적으로 이 땅에서 이 일만 하고 살아야 한다는 식으로 생각하는 숙명적 주민과 달리 스스로 선택하며 살고자 하는 선택적 주민이 있다. 후자는 뭔가 '없다'는 것을 알고도 '이 마을이 좋으니까' 한다. 이주자들도 이런 선택적 주민처럼 여기에서 살면 좋겠다. 물론 마을이 뭔가 '없다'는 식의 상태라면 곤란하지만 기왕 이곳으로 온 것이라면 자신들의 눈으로 확인하고 있는 그대로 알게 하고 싶다.

이 책의 앞부분에서도 소개한 고향납세 기부자에 대한 감사제에서 진행하는 이주·정주 상담 코너와 이주체험 투어, 체험주택에서의 생활체험 등을 통해 무리 없고 자연스럽게 이해할 수 있는 이주 과정을 운영하려는 것이다.

일거리 많음, 귀천 없음

이주 희망자들은 지방에서의 일거리에 대해 불안해한다. 이미 살던 지역에서의 경력이 이주하는 지역에서도 계속 이어질 수 있는지 고민하는 것이다. 물론 같은 일이 확실히 있다고 말하기는 어렵다. 대부분 이전의 경력을 일단 단절하고 처음부터 새로운 일을 시도해야 할 것이다.

물론 살릴 수 있는 기술이 있어서 그대로 하거나 응용할 수 있지만 어쨌든 노동환경의 급변은 각오해야 한다. 그렇게까지 해서 이주한 다음의 생활에서 가치와 삶의 보람을 느낄 수 있을까, 이제껏 해왔던 일에 집착하지 않고 이주할 수 있을까 하고 계속 고민할 수도 있다. 불안은 계속 이어질 수 있지만 어떻든 시골의 공기를 심호흡하며 가슴으로 깊이 느낄 수 있는 마음의 여유가 없다면 그곳의 주민이 되기는 힘들다.

좋은 것만 고르지 않는다면 일은 얼마든지 있다. 오히려 지방은 만성적인 인재 부족 상황이다.

다케나카 정장은 이렇게 강조하며 그들의 불안을 일축하지만 일에 대한 고집을 버린다 해도 오랫동안 살던 지역을 떠나 다른 환경의 생활 관습에 무난히 녹아들기는 어렵다. 그런 문제를 해결하기 위해 생활체험주택이 있는 것이다.

가미시호로에서는 지역부흥협력대 대원이 마을의 주민이 되는 경우도 적지 않다. 대도시권에서 이주하여 3년간의 지역 활동을 마치고 그대로 마을에 정착한 것이다. 대원으로서 활동하는 중에 좋은 인연을 만나 결혼한 여성도 있다.

지역부흥협력대는 원래 총무성이 지방에 일손을 보내 지방 활성화를 시킬 것을 기대하며 도입한 제도이다. 대원을 채용하기에 앞서 지자체가 필요한 직종과 인재를 홈페이지 등을 통해 알리고, 총무성은 대원을 받아들이는 지자체에 특별교부세를 제공한다. 가미시호로는 이 제도를 적극적으로 활용하여 외부로부터 인재를 확보하며 마을 활성화를 위해 노력했고, 활동 기간 중에 마을의 매력에 빠진 대원은 그대로 주민으로서 정착했다.

　마을에서 피자 가게 '피자와 와인 가게 파프리카'를 운영하는 이노우에 도모히코(井上 智彦)는 지역부흥협력대 출신이다. 이노우에는 도쿄 출신으로 도내 출판사에서 30년간 근무한 후 작가 활동을 하면서 삿포로 NPO법인에서 환경보호활동을 하다가 홋카이도의 매력에 빠졌다. 그러던 중에 가미시호로가 지역부흥협력대원을 모집하는 것을 알고 지원하여 마을 기획재정과의 지역진흥추진원이 되었다.

　연고도 없는 생소한 곳에서 농림상공연대와 지산지소 촉진 활동에 분주하던 중에 지역산 식재료를 듬뿍 사용한 피자라는 아이디어가 떠올라 홋카이도 이주의 계기를 마련했다. 가미시호로에서도 다른 지방처럼 빈 점포 문제가 있었기 때문에 쉽게 빈 점포를 발견하여 그걸 재활용하는 방식으로 가게를 열 수 있었다. 주방에는 피자 전용 가마를 설치하고, 도카치산 밀가루를 사용한 도우 베이스에 지역에서 생산된 채소와 산나물을 더한 '더 도카치'라는 이름의 피자를 만들었다.

도카치는 일본 전국에서 유명한 메밀 산지이다. 가미시호로도 메밀 산지라서 마을에 메밀국수집이 늘어서 있고 사람으로 북적거릴 것이라고 생각할 수 있을지 모르지만 그 많았던 가게는 이미 오래 전에 사라져버렸다. 메밀이 산처럼 쌓여 있어도 활용하지 못하는 상황이었다.

그런데 '고향 초이스'의 정부 크라우드 펀딩(Government Crowdfunding, 이하 GCF)을 통해 가미시호로에 메밀국수집이 생겼다. GCF는 고향 초이스가 고향납세 기부금을 활용하여 만든 크라우드 펀딩 서비스로서 지자체의 문제 해결을 위해 고향납세 기부금 사용처를 보다 구체적인 프로젝트로 만들어서 올리고 그 프로젝트에 공감한 사람으로부터 기부금을 모집하는 방법이다.

가미시호로는 주민 대상 조사에서 97퍼센트의 주민이 "마을에 메밀국수집이 있으면 좋겠다"라고 해서 GCF를 통해 마을에 메밀국수집을 만드는 프로젝트를 진행했다. 이 프로젝트에 대한 호응이 높게 나타나 개점할 수 있을 정도의 기부금이 모였다. 가게 운영자는 이미 GCF 사이트에서 프로젝트를 진행할 때 소개했던 20년 경력을 가진 도쿄 출신의 39세 요리사이다.

가미시호로에는 여러 가지 고향납세 효과가 있지만 이렇게 창업을 목표로 한 이주자에 대한 기대가 특히 크다.

이외에도 보육료 무상화로 인해 이주자 유치가 늘었지만 단지 무료라는 경제적 이유 때문만이 아니라 마을 본래 자연자원의 매력이라는 부가가치도 젊은 육아 세대의 마음을 움직이는 데 일조하였다.

고향납세를 통해 고용이 창출되고 이주자 유치가 증가하기도 했다. 답례품으로 인기인 도카치 나이타이 와규와 도카치 허브 소고기를 6차산업으로 상품화한 JA와 농업법인은 사업 확대와 함께 인력이 필요하여 이주자가 증가하기도 했다.

후계자 문제로 부득이하게 이농한 목장 경영자도 있었다. 그런데 다른 마을에서 목장 일을 하던 사람이 가족 5명을 이끌고 그곳을 이어받기로 했다. 이 가족은 TV에서 다케나카 정장의 낙농마을 소개와 고향납세 방송을 보고 농협에 신청하여 2년간 마을에서 낙농가로 일했다. 그 후 목장 경영자로서 그대로 정착했다.

이러한 노동인구의 이주는 단순히 인구증가 효과만 있는 것이 아니라 일자리 증가, 마을에의 공헌, 세수 증가 등 마을 활력의 원천이 되고 있다.

원격근무와 위성사무실

지금까지 도시에서 지방으로의 이주는 정년을 앞두고, 자식들도 독립한 상태에서 인생의 후반을 여유롭게 시골에서 보내려는 경향이 압도적이었다. 그러나 그로 인해 과소화지역이 바로 활기차게 될 것이라고 기대하기는 어렵다.

60세 이상의 이주자는 이미 젊은이들이 유출되고 고령화가 진행되는 시골의 빈 구멍을 보전하는 정도에 머물 뿐이고, 그나마 인구증가가 아니라 고령화에 기여하는 것이니 말이다. 물론 고령화지역 자체나 정년 후 은퇴 분위기를 폄하하려는 것이 아니다. 오해 없길 바란다. 다만 이주·정주로 인해 인구가 증가하여 마을이 활기차고 이상적인 모습이 되어간다는 것은 세대 편차 없는 균형 있는 구조의 의미도 있다는 것을 말하는 것이다. 이는 마을이 언제라도 사람에게서 사람으로 지역 전통문화와 풍속·관습을 이어가며 번영하기 위해 중요한 부분이다.

그러나 어떤 의미에서는 도시에서도 노노(老老)간병이 증가하는 것이 현실이다. 즉 세대 간 교류는 매우 중요한 부분이며 이는 도시나 지방 역시 마찬가지로 해결해야 할 큰 과제다.

이런 문제에 대한 해결책의 하나가 원격근무와 위성사무실이다. 원격근무는 이미 도시에서도 육아에 시간을 뺏기는 부모들, 부모 간병이 필요한 사람들 사이에서 늘어나기 시작한 노동 방식이지만 특별히 그런 사정이 아니더라도 출근에 얽매이지 않고 일하는 사람도 많기 때문에 이미 많이 확산되어 있다. 다케나카 정장은 이 원격근무 방식에 주목했다.

도시에는 조용하고 한가한 곳에서 원격근무를 하거나 위성사무실에서 일하고 싶은 사람이 있다. 그것을 실현하기 위한 통로가 ICT다. 농산촌도 도시처럼 광통신이 정비되면 일의 능률과 심신의 안정을 동시에 성취할 수 있다. 사람에게는 모두 평등하게 24시간이 주어지는데, 누군가는 그중 몇 시간이나 출퇴근에 사용한다. 안타까운 일이다. 시골이라면 그런 시간 낭비 없이 근무할 수 있다.

정부도 원격근무 확대를 위해 일자리 개혁과 ICT 보급에 노력한다. 출퇴근 시간 절약을 통해 생산성 향상을 기대할 수 있고, 고령자와 여성들의 노동 참여가 이어질 가능성도 높다. 그 외에도 무더위·추위 속에서의 건강 관리, 교통 혼잡 완화에도 기여할 수 있다.

앞으로 5G 시대가 되면 중앙과 지방의 거리감도 없고 근무 환경의 차이도 없을 것이다. 가미시호로에도 위성사무실을 마련한 기업이 있는데 이런 경향은 점점 늘어날 것이다. 이런 환경을 더 완벽히 구현하기 위해 정부는 적극적으로 ICT 인프라를 정비해야 한다.

다케나카 정장이 취임한 이후부터 중요하게 추진하는 5개 마을의 미래에는 경제와 환경도 포함되어 있다.

실제로 가미시호로에 이주한 사람들에게 그 과정과 이주 후의 생활에 대해 들어보았다.

전원생활에 대한 로망

고지마 아키(小嶋 亜紀)는 마을사무소 총무과의 임시 직원이다. 친정이 가미시호로여서 인연이 닿았다.

어릴 때 방학이 되면 할머니 집에 놀러갔다. 애드벌룬이 하늘 가득히 기분 좋게 날아다니는 모습을 처음 보았을 때의 감동은 지금도 잊을 수 없다. 아침에는 애드벌룬 소리에 눈을 뜰 정도로 많은 애드벌룬이 하늘에 떠 있었다. 가미시호로에 갈 때면 나이타이 목장에도 꼭 들렀다. 아무것도 없이 후련한 느낌이 좋아서 몇 시간 동안 있곤 했다. 그래서 언제나 여름방학이 오기를 기다리곤 했다.

현재 가미시호로에 살면서 그 애드벌룬을 보며 힐링하고 있는 고지마는 사이타마현(埼玉県) 출신이다. 도쿄에서 니가타현(新潟県) 출신의 남편과 가미시호로로 이주하기 전까지는 가와고에시(川越市)에서 초등학교 6학년 장남, 3학년 차남 그리고 유치원에 다니는 딸 이렇게 5인 가족이 살았다.

가와고에시는 예전에 숙박 거리로 번성했고, 옛날의 전통문화가 보존되어 관광객도 많이 찾는 유명한 곳이다. 접근하기도 편하고 각종 인프라도 잘 설비되어 있다. 작은 에도[小江戸, 에도(江戸)처럼 번성한 마을]라고 불리기도 하는 그런 멋진 마을에 살던 고지마는 왜 가미시호로 같은 외진 시골로 오게 되었을까. 설마 단지 애드벌룬 때문만은 아닐 것이다.

어릴 때의 즐거움 때문인지 몰라도 원래 자연을 좋아해서 '언젠 가는 홋카이도에서 살아보고 싶다'는 마음은 계속 가지고 있었 다. 하지만 가족이 생기고 아이들도 진학을 앞두고 있는 상황이 어서 주변에서는 "입시 준비는 어떻게 하려고?"라며 걱정했다. '좀 더 빨리 준비했더라면 좋았을 텐데'라는 생각으로 반쯤은 포기 상 태였다. 나는 어디서 뭘 하든 살 수 있지만 애들 교육뿐만 아니라 남편의 일도 있고 해서 망설이기도 했다.

다행히 고지마의 남편도 이제까지와는 다른 환경과 일에 관심을 가지게 되어서 이미 오랫동안 홋카이도 이주를 바랬던 고지마는 시 간만 있으면 정보를 수집했다. '2만 엔으로 이주체험 투어를 할 수 있다', '도쿄에서 이벤트 자원봉사자를 찾는다' 같은 정보를 찾으면 남편에게 말하기도 하는 등 이미 마음은 홋카이도에 가 있었다고 한다.

남편도 아내의 홋카이도 사랑이 워낙 컸기 때문에 관심이 생겨서 가미시호로와 같은 도카치 관내의 오비히로시(帯広市) 투어와 인근 마을의 이주체험 투어에도 참가하기 시작했다. 고지마는 빨리 이주 하고 싶었지만 남편은 계속 결단을 내리지 못하던 상태였다.

언제까지 '갈까 말까' 망설이는 거야? 나를 위해서라면 가지 않아도 좋아요. 나중에 무슨 말을 듣기는 싫으니까.

본심은 어땠는지 알 수 없지만 아내가 다그친 이 한마디에 남편도 "알았어. 가자"라고 말했다. 이런저런 일을 거쳐 고지마 일가는 밝은 마음으로 가미시호로 땅에 한 발을 내딛게 되었다. 과연 실제로도 처음 계획대로 살게 되었을까?

살면서 처음으로 느낀 문제도 있었을 것이다. 예상하지 못한 문제에 당혹스럽고 후회한 일도 많았을 것이다. 주민과의 인간관계도 그렇고 생활습관 차이로 인해 쉽진 않았을 것이다.

매일 새로운 발견이 있어서 지금은 가미시호로의 생활을 즐기고 있다.

고지마는 밝은 미소를 지어 보였다. 최근에는 큰 아들과 누카비라 온천향에 개울 낚시를 다녀왔다고 했다. 낚시 초보자이지만 주변 사람들에게 배우면서 즐겼다고 했다.

공기도 좋고 경치도 좋고, 애들도 애드벌룬을 보면 좋아하고 역시 피는 속일 수 없는 것 같다. 슈퍼나 약국이 늦게까지 열지 않는 게 불편하긴 하지만 그 정도는 각오했던 거라 괜찮다.

당초 걱정했던 아이들의 교육은 어떨까?

교외 학습이 많다. 목장에도 가고 벌꿀 따기 체험도 하고 그전
학교에서는 전혀 생각할 수 없는 체험학습이 많다. 책상에 틀어박
혀 공부만 하는 것이 아니라서 좋다.

주말이 되면 어디에 갈까 하고 궁리하는 단란한 가족의 모습이
다. "도카치는 이벤트가 너무 많아"라고 기쁜 비명을 지르며 대도시
인 삿포로까지 나가지 않아도 충분히 홋카이도를 만끽하고 있다고
한다.

여유로운 육아

이주 2년차, 도카치에서 두 번의 겨울을 보낸 세노 히로코(瀬野 祥
子)는 남편과 4살 아들, 2살 딸이 있는 4인 가족으로 도쿄 스기나미
(杉並)의 한적한 주택가에서 이주했다. 부부는 도쿄 의류전문학교
동창생으로 디자인 기술만으로 가미시호로에서 생활한다.

히로코는 미야기현(宮城県) 시치가하마마치(七ヶ浜町)라는 해안
마을 출신으로 고등학교 1학년 때 아버지의 일 때문에 도쿄에 와서
인근의 다마(多摩) 뉴타운에서 생활했다. 남편과 연애 10년 만에 결
혼했고, 서로 다른 회사에서 일했다. 남편은 의류 기획디자인을 했
는데 생산관리 능력도 뛰어나서 기획부터 발주까지 마치기 위해 공

장에 갈 일도 많았다.

도쿄의 한적한 지역에서 살고 있었지만 "홋카이도의 광활한 땅에서 아이를 키우고 싶어서" 이주를 결심했다. 남편은 이와미자와(岩見沢)에 조부모가 살고 있어서 이미 홋카이도의 시골 생활을 어느 정도 경험한 상태였고, 언젠가 도쿄를 떠난다는 것에 서로 암묵적으로 합의한 상태였다. 남편이 친숙하게 여기는 홋카이도는 가장 유력한 이주 후보지였다.

특히 눈에 든 것은 홋카이도 남쪽 해안 마을이었는데 그곳에서 이주를 촉진한다는 것을 인터넷으로 보았다. 둘째를 임신 중었던 히로코의 몫까지 착실하게 하려고 체험투어에 참가했던 남편은 가기 어렵겠다고 말했다. 젊은 사람보다 고령자를 환영하는 경향이 있어서 육아를 우선하는 그들 부부에게는 맞지 않다는 것이었다. 육아 환경만은 양보할 생각이 없었던 것이다.

그 후 두 사람은 도쿄에서 열린 홋카이도 이주 설명회에서 가미시호로를 알게 되었고 홍보 활동에도 이끌렸다. 가미시호로는 해안 지역에서 자란 히로코가 경험한 적 없는 산간 마을이었지만 보육료 무료나 자연환경도 육아에 좋다고 생각했다. 남편이 혼자 방문하여 호론 시설을 보기도 했는데 여러모로 제격이라고 판단했다. 히로코는 구글 맵으로 가미시호로를 둘러보았다.

새로운 건물이 많고 정말로 잘 정돈된 마을이라고 생각했다. 밝은 분위기를 느낄 수 있었다.

가미시호로를 둘러보고 온 남편과 합의하여 가미시호로 이주를 결정했고, 지금 2년째 살고 있다.

오래된 주택단지이지만 현관을 나서면 왼쪽에 바로 다이세쓰 산이 보인다. 더 이상 말이 필요 없다. 경치가 끝내준다. 어린이집 호론도 만족스럽다. 다이세쓰 산 산봉우리가 계절에 따라 설산, 단풍으로 물들기도 하고 백조가 날아오기도 하며 전혀 질리지 않는다. 상상했던 것 이상이다. 마을이 활기차고 생동감 있다. 다만 문제는…

문제는 일거리였다. 부부의 기술을 고려하면 관련된 일이 좋았겠지만 처음에 남편이 취직한 곳은 임업 관련 직장이었다. 생각보다 힘든 일이었고 그때까지 사무 업무만 해본 사람이 감당하기에는 갑자기 많은 체력이 필요해서 힘들었다.

도쿄에서는 11시 출근이었기 때문에 아침은 여유로웠지만, 밤 10시나 11시에 귀가했다. 남편은 아이들이 깨어 있는 시간에 돌아가고 싶다고 말하곤 했다. 여기에서는 반대로 아침 6시에 나가 저녁 5시에 돌아오는 생활이다. 임업 일은 정말로 힘들지만, 직접 사계절을 느낄 수 있어서 좋다. 산나물과 버섯을 따기도 하고 여러 동물과 식물을 만나고 물론 나무에 대해서도 잘 알게 되었다. 산속에서 먹는 도시락도 맛있다. 자연 속에서 일하면서 자연 속에서 생활하는 자신감도 갖게 되었다. 그렇지만 옛날에 다친 허리 때문에 일하기 힘들었고, 꿈꾸었던 가족 모두의 캠핑을 할 수 없었기에 퇴직을 하게 되었다.

우선 아이들을 맡기고 부부가 주 3~4일 정도 아르바이트를 하며 개인 디자인 사업을 시작했다.

도카치를 중심으로 사업을 한다. 얼마 전에는 가미시호로 감사제에서 모두가 입을 점퍼 작업도 했다.

육아 때문에 이주했지만 보육료 무료의 혜택을 받아 다시 본래의 일도 할 수 있게 된 것이다.

이제 와서 새삼스럽지만 가미시호로의 매력은 경치와 사계절을 느끼면서 생활할 수 있다는 것이다. 먹거리도 정말 맛있다. 원래 채소를 싫어해서 아스파라거스와 브로콜리 등을 즐겨 먹지 않았지만 지금은 맛있게 먹고 오히려 좋아하게 되었다. 아이들도 어려서부터 이런 식생활의 혜택을 받을 수 있으니 고마운 일이다. 도쿄의 부모들은 무농약을 고집하고 고급 슈퍼에서 먹거리를 찾는데 여기에서는 금방 뽑은 채소로 온 가족이 식사할 수 있다.

인간관계에도 적응되었다고 한다.

모르는 사람이라도 모두 인사를 받아준다. 아이들도 이러한 환경에서 자라면 누구와도 자연스럽게 인사를 나눌 수 있는 사람이 될 것이다. 도쿄는 사람이 많고, 서로 스쳐 지나면서 인사하면 이상한 사람 취급을 받을 수 있는데 여기에서는 일상생활에서 인사하는 것이 매우 자연스러운 일이다.

무엇보다 육아에 도움을 받았겠지만 그 반대로 애초의 기대와 다른 일은 없었을까.

조금 신경 쓰이는 점은 감자를 받으면 무언가 답례를 할 게 없다는 것이다. 과자로라도 답례하고 싶은데 좀처럼 시간이 안 난다. 받기만 하고 죄송하다. 이웃에게 신세만 지는 것 같다. 그래도 즐겁다. 서로 좋아하는 일을 할 수 있으니 좋다고 남편과 자주 말한다.

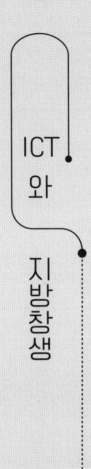

제7장

ICT 와

지방창생

5G 시대가 되었다

제6장까지 일본 전국에서 인구가 감소하는 가운데 가미시호로에서만 이례적으로 인구증가가 진행된 배경과 과정에 대해 소개했다.

그러나 사회는 언제나 변화하기 때문에 언제까지 인구 증감에 일희일비만 하고 있을 순 없기도 하다. 다케나카 정장도 "미래를 눈여겨보면 지금 이대로 될 것이라고 보장하기 어렵다"라며 우려한다. 계속 새로운 궁리를 해야 하는 것이다.

지금, 다케나카 정장이 강한 사명감을 가지고 소리 높이는 주제는 ICT에 의한 지방창생이다.

지방창생이나 수도권 집중에 대한 불만이 높아지고 있는데 아직도 세상은 도쿄에 대한 환상을 갖고 있다. 5G 시대가 되면 '도쿄가 아니면 안 된다'라는 현상도 없어질 수 있을까.

이미 가미시호로에는 원격근무와 위성사무실이 도입되어 있다. 총무성도 2019년부터 5G 기술로 고령화와 인력 부족과 같은 지방문제를 해결하려는 실증사업을 시작했다. 고령자의 이동수단인 자율운행 공공교통수단 등 5G 기술의 장점을 살려 지방의 ICT 인프라를 개선하려고 노력 중이다. 전 세계적으로 5G 상용화가 확산되고 한국의 통신기업은 평창올림픽에서 대규모의 5G 테스트 서비스를 제공하기도 했다.

기술을 활용한 지방의 미래는 다케나카 정장의 비전이기도 하다.

자동운전만이 아니다. 5G는 농업과 의료에서 원격치료 등에 도입할 수 있는 필수 기술이다.

고향납세 활용에 대한 가미시호의 과감한 도전을 통해 6차산업화와 고용 창출이 이루어졌다. 그 흐름은 기술과 함께 계속 이어지는 중이다.

마을발 제4차산업혁명

그래도 여전히 농업 부문에서 기술 발전은 이루어지지 않고 있다. JA가미시호로의 오구라 조합장도 농업의 미래에 대한 불만을 토로한다.

광통신이 들어오지 않는 농촌은 있을 수 없다. ICT 시대가 되고 농작업용 트랙터와 착유기 모두 로봇이다. 착유 로봇은 컴퓨터로 운용·관리되고 있지만 지금 가미시호로의 ICT 환경에서는 속도가 느려서 생산성이 오르지 못하고 있다.

이것이 다케나카 정장이 ICT에 의한 지방창생을 역설하는 가미시호로의 현실인 것이다.

정부는 고속정보통신 보급률이 90퍼센트라서 충분하다고 하지만 JA가미시호로가 대상으로 하는 생산량 230억 엔의 농업지대에는 아직 고속통신이 들어와 있지 않다. 이런 상황인데 보급률을 인구 기준으로 추산하는 것은 문제다. 정부도 지방의 중요성을 인식하고 있다고 생각은 하지만, 5G의 흐름 속에서는 도시가 아니라 오히려 지방에서 어느 정도 준비되었는가가 중요하다.

다케나카 정장의 5G 시대에 대비한 구상은 다음과 같다. 먼저 화상을 통한 소의 발정기 감시이다. 이 작업은 로봇이 하기 때문에 인건비를 포함한 비용을 절약할 수 있다. 소의 발정 시기를 정확하게 파악하는 것은 매우 중요한데 이를 사람의 눈으로 24시간 감시하는 것은 너무 피곤하고 어려운 일이다. 또 시기를 놓치면 임신이 크게 늦어져 다음 발정이 올 때까지 쓸데없는 시간 낭비로 이어지고 실제로 수개월의 공백이 생기며 비용 손실도 그만큼 커진다. 그래서 소의 발정기에 대해 5G로 파악한 정보를 AI에 의한 화상 분석으로 다시 정확하게 파악하는 것이다. 가미시호로에는 몇천 두의 소를 한 장소에 수용할 수 있는 농업법인이 있고 여기에서 생산되는 데이터만으로도 그 값어치는 꽤 높다고 할 수 있다.

ICT로 농업 소득은 분명히 오를 것이다. 비용 삭감, 위성을 통한 원격조작으로 트랙터 자동조타 시스템을 구축하여 핸들을 잡지 않고도 자동으로 할 수 있는 작업은 이미 시행하고 있다. 후계자 문제 해결이나 작업이 어려운 고령자 문제도 해결할 수 있다. 농업은 끝없는 사업이라 결승점이 없다. 모든 것을 기술로 해결하긴 어렵겠지만 다른 부분으로 규모를 확대한다면 더욱 발전할 수 있다.

이미 JA도 마을사무소와 함께 ICT에 의한 지방창생을 위한 협력 체계를 갖추고 있다.

ICT로 마을은 어떻게 변할까. 가미시호로가 4차산업혁명의 발상지가 될 수도 있다. AI에 관련된 빅데이터가 잔뜩 잠들어 있는 곳이기 때문이다.

덧붙여서 가미시호로의 식량자급률은 2,000퍼센트다.

터미널과 자율주행버스

2018년 4월 20일 가미시호로에 새로운 교통 거점이 생겼다. 마을 사무소 앞에 가미시호로 교통터미널이 문을 연 것이다. 총면적 약 553제곱미터의 대합 시설이기도 한 터미널 안에서는 무료 와이파이 (Wi-Fi)를 쓸 수 있다. 총 공사비는 2억 628만 엔으로 지방거점 정비 교부금 등으로 건설했다.

도시에는 철도, 버스, 택시 등 모든 교통 시설이 그물망처럼 체계화되어 있다. 그러나 지방에서는 자차 중심의 생활자 외의 고령자나 어린이는 교통약자이다. 이를 위한 교통 네트워크의 정비가 필요했다.

가미시호로와 오비히로를 연결하는 노선버스는 1, 2시간당 1대 정도이고 평일에는 몇 명 정도만 타기 때문에 그 정도의 이동인구만을 위한 정거장이라면 사치스러울 수도 있다. 물론 일본의 82퍼센트

가미시호로 교통터미널

上士幌町交通ターミナル
Kamishihoro Transportation Terminal

의 지역 버스 회사가 적자인 상황이기도 하다.

교통약자에 대해서는 복지의 관점에서 접근할 필요성이 있었고, 관광안내소 기능도 필요했다. 또한 앞으로 수요가 더 많아질 일본 최대의 나이타이 고원목장 등을 고려한 교통 네트워크의 거점도 필요했기 때문에 다양한 필요성을 감안하여 터미널을 구축했다.

선견지명이었다. 새삼 검증해보면 마을사무소를 기점으로 반경 10~15킬로미터 속에 마을 대부분의 공공시설이 있다. 차로 15분이면 터미널에 도착할 수 있다. 분산이 아닌 집약적이고 효율적인 설계이다. 지금은 적어도 이용자의 수에만 연연할 상황은 아닌 것이다.

터미널의 본격적인 활용 가능성은 마을의 미래와 같이 간다. 마을이 활기차게 되면 터미널의 활용도는 높아질 것이다. 그러나 터미널의 활용도가 낮아지면 그건 마을이 피폐해졌다는 것을 의미한다.

그러면 이 터미널을 어떻게 구체적으로 활용할 수 있다는 의미일까. 우선 지방에는 공공교통 인력이 부족하다. 버스를 운행하면 운행할수록 적자가 쌓이니 민간사업자가 참여할 리 만무하다. 운전사는 일이 없어지고 마는데 그렇다고 마을이 운전사를 고용하면 필요 이상의 경비를 지출하게 된다. 따라서 필연적으로 자동운전에 의

존할 수밖는 상황이기 때문에 그 대안으로 제시한 것이 자율주행버스다.

　자율주행버스는 도시보다 지방에서 더 필요하고 유용한 이동 수단이다. 인구가 적어도 버스를 운행해야만 하는 환경에서 비용 부담을 생각한다면 자율주행버스는 필연적이다. 운전사를 고용할 수 없기 때문이다.

　프로젝트의 리더 가지 씨는 자율주행버스에 기대를 걸었다. 그런 마음으로 실용화를 위한 실증실험을 시작했다. 일본 내에서 자율주행버스 실용화를 선도하는 소프트뱅크의 그룹회사 ㈜SB드라이브와 협력하고 고향납세 제도로 깊은 연대를 이어가고 있는 트러스트뱅크와 공동으로 진행하기로 했다.

　공공도로를 운행하는 자율주행버스를 운영하고 있는 프랑스의 사례를 참고하여, 마을사무소 앞의 도로를 폐쇄하고 바리케이드 등의 안전 대책을 준비한 후에 홋카이도 최초의 시험 주행을 했다. 조만간 차 번호판도 취득하여 일반 차량과 같은 모습으로 운행하기를 바라고 있다.

　그러면 자율주행버스는 정말로 실용화될 수 있을까. 시골에서의 이용자는 고령자와 어린이라는 교통약자들뿐인데 이들은 그런 시스템의 버스 이용에 능숙하지 않다. 운전사 없는 버스를 타고 무사히 목적지에 도착할 수 있을까.

자율주행버스

실증실험을 분주하게 준비해온 가지 씨는 이렇게 말한다.

GPS로 위치 정보를 받아 맵핑(mapping)하여 운행하면서 카메라로 순간적인 변화 상황을 감지한다. 예를 들어 과속방지턱 등의 물체 정보를 감지하면 '앞에 이런 물체가 있다'라며 운행을 멈춘다. 이렇게 작동하기 위해서는 속도와 용량 등 통신기능 성능을 업데이트하는 일이 중요하다. 그래서 지방의 ICT 기술이 필요한 것이다. 드론도 ICT 인프라가 잘 구축되어야 날 수 있다. 산악구조 로봇의 경우는 도코모(NTT DOCOMO)에 의뢰하여 임시 기지국을 설치하기로 했다.

실제로 버스에 승차한 다케나카 정장도 이 실증실험을 시작으로 앞으로 일본 각지에서 적용 가능성이 늘어날 것이라고 말했다.

그렇게 되면 이제까지 숭상해왔던 '도시 우선'의 생각을 넘어설 수 있다. 과소지역에서는 지역 주민의 협조를 확보하는 것이 매우 중요하다. 자율주행버스는 지역에서 안심하고 살 수 있게 하기 위한 중요한 운송수단이 될 것이다. 교통약자가 집에만 있지 않고 자유롭게 다닐 수 있는 이 교통 시스템은 새로운 시대의 구세주가 될 것이다.

산악구조와 드론

지방이기 때문에 그 자원을 활용하여 할 수 있는 사회 공헌 활동이 있다. 일레로 가미시호로 ICT를 활용한 인명구조 프로젝트가 진행 중이다. 일본에서는 연간 3,600명의 조난자가 발생한다. 외국인 스키 관광객의 조난도 눈에 띄게 늘고 있다.

일본 혁신 도전 실행위원회[위원장 우에무라 다쓰후미(上村龍文)]는 로봇으로 할 수 있는 사회 공헌을 모색하던 중에 조난 문제 해결에 주목하게 되었다. 목표는 가미시호로에서 로봇을 이용한 산악구조 가능성에 대해 실증실험을 하는 것이다. 실행위원회가 주최하는 로봇 산악구조 경진대회는 2018년까지 3회째를 맞고 있다.

이제까지의 산악구조는 인해전술처럼 헬리콥터 출동, 상공에서의 검색, 이송 등으로 진행되었는데 대부분 자위대, 소방대원, 재해구조 전문가들이 담당해왔다. 그러나 구조 활동은 기상악화와 현지의 악조건 등 위험 요소도 많고 시간을 다투는 문제일 뿐만 아니라 2차 재해의 위험성도 매우 높다. 조금만 늦게 발견하면 구조 대상인 조난자가 생명을 잃을 수도 있는 매우 중요한 일인데 말이다. 실행위원회는 로봇과 ICT로 모든 위험 요소를 최대한 제어하여 보다 신속한 인명구조를 한다는 목표로 실증실험을 거듭하며 성과를 쌓고 있다.

경진대회에서는 로봇으로서의 드론, 그리고 드론을 조종하며 드론이 촬영한 정보를 신속하게 분석하는 기술자들이 참여한다. 설정

된 조난 현장에 드론이 날아가서 조난자를 발견하고, 도착하여 구조하는 것을 겨루는 것이다. 조난자로 설정된 마네킹에는 인간의 피부처럼 열이 감지되는 휴대 난로가 장착되어 있다.

드론 무인 비행은 사람이 타지 않기 때문에 2차 인명 피해 위험성이 없고 현장까지 신속하게 도착할 수 있다. 겨울 산이나 야간 시간의 산에 사람이 들어가는 것은 위험하지만 드론에 탑재된 적외선 카메라로 상공에서도 충분히 수색이 가능하고 기동력 또한 뛰어나다. 가미시호로의 자연자원이 그 무대로 제공되는 것이다.

우에무라 실행위원장은 ICT로 지역과 노인을 건강하게 한다는 사훈을 가진 트러스트뱅크의 임원으로 기술 분야 출신이다. 그는 기술자로서 미국에서 한창인 로봇 대회를 지켜보면서 한편으로는 안타까워했다.

일본 기업과 대학 기술자들이 미국의 대회에 참여하여 좋은 성적을 받았지만 대회 규정에 따라 대부분의 이권은 주최 단체에 속했다. 즉 일본은 관련 기술에 대한 권리를 그냥 당연하다는 듯 손 놓고 있었던 것이 현실이었다. 일본에서 대회를 주최하는 후원사가 없고, 또 마땅한 장소도 없었기 때문이다. 고등학생 때 NHK 주최 고교생 로봇 대회에 출전하기도 했던 우에무라 실행위원장은 언젠가 일본에서도 이런 대회가 개최되면 좋겠다고 생각했고 그것이 가미시호로에서 대회로 실현된 것이다.

이 로봇 대회의 최대 목적이 인명구조 프로젝트가 된 데는 고향납세 제도가 계기가 되었다. 트러스트뱅크는 고향 초이스 웹사이트를 개설하여 고향납세 제도를 알리고 등록하는 지자체의 납세 대행 서비스를 제공해왔지만, 우에무라 실행위원장은 다케나카 정장과 만나 로봇 대회 이야기를 했고 거기서 의기투합한 것이다. 정장실의 창밖으로 보이는 산봉우리를 보면서 계속 생각해왔던 구상을 이야기했고 아울러 일본의 기술 유출을 막으며 국내에서 개발할 수 있는 의미도 있다고 강조했다.

우에무라 실행위원장은 심한 (삼나무)꽃가루 알레르기 때문에 봄에는 항상 꽃가루를 피해 가미시호로에서 원격근무를 했고 그때 가미시호로의 하늘에 드론을 날렸던 것이다. 즉 우에무라는 가미시호로 관계인구의 한 사람으로서 가미시호로의 자유롭고 활기찬 분위기를 이미 충분히 잘 알고 있었다.

로봇 대회를 준비하던 중에 큰 위기도 있었다. ICT 인프라가 부실했던 것이다. 그래서 NTT도코모에 의뢰하여 임시 무선기지국을 세워 문제를 해결했다. 2018년 10월 10~12일까지 3일 동안 가미시호로 숲속에서 야간에 진행한 로봇 대회는 성공리에 끝났다. 이후에는 산악구조뿐만 아니라 자연재해에 있어서도 실용화할 수 있는 큰 진전을 한 것이다.

도시뿐만 아니라 지방에서도 고령자와 치매 환자가 행방불명되어 벌어지는 비극적인 사고가 늘고 있다. 지방은 수색 범위가 넓고 도시처럼 밝지 않아서 수색이 매우 어렵다. 특히 심야에는 더 어두워서 수색조차 어렵기도 하다. 이럴 때 드론을 활용할 수 있는 것이다.

가미시호로의 자연자원을 활용하여 인간 친화적인 최신 기술을 만들 수 있는 것이다.

바이오매스 재생가능에너지

가미시호로에 낙농업이 번성하는 계절이 되면 가장 심각한 문제는 가축의 분뇨 처리다. 냄새가 너무 지독해서 대자연의 풍광을 즐기는 데 방해가 되고 아무리 신선한 공기라도 숨조차 쉬기 어렵다. 낙농업을 하는 마을이라면 어디서나 경험하는 상황이다.

배출된 가축 분뇨는 그대로 방치하는 것이 아니라 비료로 밭에 뿌려 유용하게 쓰면 생산 현장에서 자연 순환이 이루어지기 때문에 그 냄새를 이제 와서 이러쿵저러쿵 말하는 자체가 의미 없는 것인지도 모른다.

그러나 가미시호로는 어떻게든 그런 환경문제를 해결하기 위해 방안을 모색하였다. 퇴비로 사용하고도 남을 정도의 가축 분뇨를 무리하게 사용하는 것이 아니다. 바이오매스가스를 발생시켜 에너지로 전환하여 원료로 만드는 방법이다. 이미 마을은 전력을 생산할 수 있는 4개의 플랜트를 가동하여 홋카이도 전력에 판매하고 그것을 다시 낙농가에 공급하고 있다. JA의 고구라 조합장이 조합장으로서 가장 신경 쓴 사업이다. 많은 자금이 필요했기 때문에 마을사무소와 은행에서 28억 엔을 빌렸고, 전력회사에의 신청과 협력에도 꽤 신경 썼다고 한다.

과연 상환할 수 있을까?

정말 가동할 수 있을까? 안 되면 어쩌지?

이미 가미시호로의 낙농 생산율은 홋카이도 최고 수준인데 이제
와서 새삼스럽게 무슨 쓸데없는 일을 하냐는 비판 의견도 많았다.

무슨 일이라도 리스크 없이는 앞으로 나갈 수 없다.

고구라 조합장도 다케나카 정장처럼 각오를 다지는 데는 일가견
이 있었던 것이다. 상환 계획을 정중하게 설명하여 납득시키고 농업
발전의 취지를 높이는 역할을 했다. 이렇게 4기(1기는 민간) 가동까
지 이르렀던 것이다.

2018년 9월 6일 홋카이도 이부리(胆振) 지방 중동부에 진도 6.7,
최대진도 7의 큰 지진이 발생했다. 홋카이도에서 사망자 41명이 나
올 정도의 큰 지진은 처음이었다. 다행히 가미시호로는 큰 피해를 입
지 않았지만 피해지 이외의 홋카이도 전역에 걸쳐 정전이 되었다. 블
랙다운(black down)이었다. 정전 때문에 가미시호로에서는 이미 짠
우유 31톤을 폐기해야 했다.

마을에서 가동하는 플랜트에서 만들 수 있는 전력은 계약상 판
매 전용이기 때문에 직접 사용할 수 없다. 이후 도입 예정인 2기를
포함해 5기를 모두 가동하면 마을에서 필요로 하는 전력량을 충

족할 수 있다. 그러면 정전이 되어도 마을 자체적으로 대응할 수 있고, 쓸데없이 우유를 버리지 않아도 된다.

바이오매스 재생가능에너지에 의한 발전을 시작하고 바로 일어난 블랙다운은 주민에게 있어서는 자연재해를 대하는 공포와 함께 장래의 에너지 문제를 생각하는 계기가 되었다. 이제 마을의 블랙다운은 두렵지 않게 된 것이다.

적어도 가축 분뇨의 60퍼센트를 원료로 하여 환경문제 해소에 기여할 수 있다. 냄새 때문에 이주를 망설이는 이주 희망자도 다시 부를 수 있다. 가미시호로의 자연과 공기에 매력을 느껴 이주한 사람들은 신선한 공기를 가슴 가득히 만끽할 수 있게 된 것이다.

도시에서 시골로

궤적과 기적

이 책의 제목은 『가미시호로의 기적』이다. '기적'이 의미하는 것은 '궤적'과 '기적'이다. 즉 이 책은 고향납세 제도를 기반으로 기적적인 도약을 이룬 가미시호로정의 궤적을 엮은 것뿐이다.

가미시호로의 기적을 누구나 칭찬하고 부러워할까. 누군가는 "그저 운이 좋았던 거야"라고 할 수도 있다.

취재 노트를 다시 한 번 펼쳐본다. 처음 페이지에서 중간을 건너뛰고 마지막 페이지의 결론을 보니 가미시호로는 이제까지 다른 마을의 사례에서는 볼 수 없었던 '3단 뛰기'의 약진을 보여주었다.

그러나 기적을 하나하나 검증해가면 지나친 의욕이라고 말할 수밖에 없을 정도로 앞을 내다본 정책과 거기에 부응한 사람들의 신속한 협조, 그리고 시대와 사회의 흐름에 민감하게 반응한 다케나카 정장과 직원들의 행정공무원답지 않은 자신감 넘치는 추진 자세가 사이사이에 엿보인다. 즉 이것은 기적을 만들어낸 결과가 아니라 '가미시호로 전부'가 확신을 가지고 만들어낸 필연이 아닌가.

시골이라는 핸디캡을 이유로 한 핑계와 어리석음은 이제 가미시호로의 기적을 앞에 두고 통용되기 어려울 것이다. 지금은 지방창생의 선두주자로서 오직 질주하는 가미시호로를 보고 있으면, 아직 일본 전체로서는 진행 중인 지방창생이지만 이대로 구호만으로 끝나지 않고 현실을 직시하며 결승선에 다가가고 있다고 믿고 싶은 것이다.

본서의 취재에 즈음하여 내가 살고 있는 도시와 가미시호로 사이를 오가며 적어도 한 달 남짓을 가미시호로에서 묵었다.

태양이 길게 산봉우리에 늘어지며 어두워질 무렵이면 마을에서 운영하는 온천탕에 몸을 담그고 목욕을 한 후 귀갓길에 꼬치구이와 홋카이도산 생선을 술안주로 주민과 술잔을 기울이며 하루를 무사히 보낸 데 감사했다.

애드벌룬 페스티벌에서는 하늘에 펼쳐진 애드벌룬을 올려보다가 목이 돌아가지 않은 일도 있었다(다른 원인이 있었는지도 모르겠다). 물론 공기는 그냥 가슴 깊이 마셨다. 이렇게 되면 가미시호로를 객관적으로 파악해야 하는 논픽션의 취지가 그런 호감 때문에 흐려진 것은 아닐까. 진짜 그렇다면 "미라를 훔치다가 미라가 되어버린다" 라는 형국이겠지만 논픽션 집필자로서 그렇지 않다는 것은 자신한

다. 단 가미시호로 관계인구의 한 사람이 된 것은 솔직하게 시인하
겠다.

한편으로는 어쩌면 내 속에 잠들어 있던 고향 회귀의 본성이 깨어
난 것일 수도 있다.

가미시호로는 내게 '없다'는 것은 훌륭한 일이라고 말하는 것을 알
려 주었다.

'있다'고 믿고 있는 것이 '없다'는 것이 되었을 때와 '있었다'고 하더
라도 그것을 밝힐 때까지의 불안은 스트레스다. 그러나 처음부터
'없다'고 생각하며 긴장을 풀면 오히려 상쾌한 기분이 되고 쓸데없는
일에 현혹되지 않을 수도 있다. 이런 생각까지 하다보니 내 자신이
반은 신선이 된 기분이 들었다.

가미시호로를 취재한 것은 나 자신에게 있어서는 기적과 같은 경
험이며 나의 취재 과정과 경험이 독자에게 충분히 전해지면 좋겠다.

혹시 거북하다면 우선은 이주까지 생각할 필요까지는 없으니까
그저 가미시호로에 방문 정도는 해보라고 권하고 싶기도 하다. 부
디 스스로의 오감으로 가미시호로를 느껴보기 바란다. 처음 도착하
면 도시에 익숙한 독자들은 '밤의 불빛'이 사실은 캄캄하다는 것을
느낄 것이다. 그러나 그 어둠은 불안과 공포를 부추기는 어둠이 아
니라 편히 숙면할 수 있게 하는 자연의 자장가 같은 것이다. 문득 정
신을 차려 보면 조용하게 다시 새로운 아침을 맞는 감동에 빠져들
것이다. 그것만은 분명히 약속한다.

마지막으로 이 책의 출판에 기꺼이 협력해준 가미시호로의 모든 분들에게 감사한다. 가미시호로의 관계인구로서 그분들과 오래 함께 할 수 있다면 행복하겠다.

2019년

구로이 가쓰유키

고향납세, 제도만으로
완성되지 않는 지역재생

일본에서는 2008년에 제도가 시행되었고, 우리나라에서는 2007년 문국현 후보의 공약에서 처음 소개된 고향납세 제도는 도시에 사는 사람이 지역에 기부하면 세제 혜택도 받고 기부한 지역으로부터 답례품을 받을 수도 있는 제도이다. 이런 제도를 실시한 이유는 낙후된 지역의 재정을 충당하면서 기부한 사람들도 지역에 관심을 갖게 하겠다는 것이지만 제도 그 자체가 잘 운영되기 위해서는 정말 많은 변수를 고려해야 하는 복잡한 것이기도 하다.

이 책은 논픽션 작가가 홋카이도의 인구 5,000명 규모의 작은 마을인 가미시호로를 취재하면서 고향납세 제도를 잘 운영하고 그와 동시에 지역에 대해 현장에서는 어떤 고민을 하고 있는가를 비교적 세밀하게 서술한 책이다. 번역서의 제목을 『시골의 진화』라고 한 것은 이 책이 지역 '진화'의 조건을 탐색하는 연구팀의 연구서 출판 시리즈이기 때문이기도 하고, 여느 일반적인 지방과 달리 꽤 작은 '시골' 마을에서 진행된 노력을 강조하기 위해서이기도 하다.

비단, 가미시호로뿐만 아니라 많은 지역이 고향납세 기부금을 받았고, 여러 가지 물건으로 답례품을 제공하였으며, 다양한 방식으로 기부금을 운영했지만 여느 사례 소개서를 볼 때와 마찬가지로 드는 생각은 첫째, 왜 가미시호로인가, 둘째, 어떻게 가미시호로는 지역재생에 성공했는가, 셋째, 앞으로도 성공할 것인가 하는 의문이다. 이 책을 쓴 구로이 가쓰유키 역시 그런 의문을 제시하며 맺음말에서 의문에 대해 간략히 답을 제시하고 있다.

또 다른 의문은 그렇다면 우리나라는 어떻게 할까이다. 이런 생각이 드는 이유는 우리나라에서도 고향납세 제도의 도입이 꽤 본격적으로 진행되고 있는 상황이기 때문이다. 고향납세에 대한 깊이 있는 연구논문과 보고서가 40여 편이 되고, 도입을 위한 법안도 (통과되지는 않았지만) 15여 건 제출되었다. 상황이 이 정도가 되니 만약 우리나라에 고향납세 제도를 도입한다면 이 책을 읽고 반드시 피해야 할 폐단과 꼭 고려해야 할 원칙을 먼저 헤아려보면 좋겠다는 생각으로 이 책을 번역했다.

대표적인 폐단은 지자체들이 별로 고민하지 않고 기부금 확보 경쟁만 하는 것이다. 즉, 재정이나 세금 절감 등 '돈'으로만 생각하여 수입과 지출만 따지는 단선적인 경제 논리를 들이대는 것이다. 이는 꼭 고려해보아야 할 원칙과도 연결되는 부분인데, 고향납세는 명칭에서와 같이 일종의 기부금이고, 일종의 세금인 것은 맞지만 본질적으로는 대도시와 낙후 지역을 잇는 하나의 연결고리이자 소통 통로라는 원칙을 유념해야 한다.

즉, 고향납세는 이제까지 지역낭만론, 지역폄훼론, 지역모방론, 지역시혜론처럼 제대로 바라보지 않고 무심했던 지역문제에 대한 하나의 간절한 자구책이며, 이는 단지 개인의 호의나 답례품 욕심으로 기부금을 많이 내거나 소수의 지자체만 기부금을 많이 확보하는 데서 끝나는 제도가 아니라는 것이다.

돈이 오가고 마음이 오가는 것은 저절로 이루어지는 현상이 아닐 뿐만 아니라 강제로 하기도 어려운 일이다. 고향납세의 흐름이 잘 이어지고 궁극적으로 고향납세를 통해 갑갑한 지역문제가 해결되고 지역의 삶의 질이 좋아지기 위해서는 무수한 프로젝트와 고민과 시도가 필요하다는 것이다.

그리하여 이 책은 고향납세가 단지 새로운 제도로만 의미 있는 것이 아니라 때로는 사람을 생각하고, 때로는 지역문제를 생각하고, 때로는 교육과 문화도 생각하며, 때로는 기술까지도 생각해야 한다는 고향납세의 제도 그 이상의 생태계 형성의 중요성을 보여주고 있다.

언젠가 그리고 지금도 우리나라에서도 여러 지역재생 방안이 등장하고 있지만 이제는 좀 더 다양한 고려가 필요하다는 관점에서 이 책의 디테일들이 도움되었으면 좋겠다. 그리하여 단 하나의 요소만으로 지역재생에 접근하는 것보다는 지역 그 자체를 올곧이 보려는 마음이 들면 그것이 바로 지역재생의 기회를 여는 시작이라는 것을 같이 느낄 수 있는 계기가 되었으면 하는 바람이다.

2021년 8월
역자를 대표하여, 조희정

시골의 진화 · 고향납세의 기적, 가미시호로 이야기

ⓒ구로이 가쓰유키

초판 1쇄 발행	2021년 8월 17일
초판 2쇄 발행	2023년 1월 20일

지은이	구로이 가쓰유키
옮긴이	윤정구·조희정
펴낸이	서복경
기획	엄관용
편집	이현호
디자인	와이겔리

펴낸곳	더가능연구소
등록	제2021-000022호
주소	04003 서울특별시 마포구 잔다리로 111(서교동), 401호
전화	(02) 336-4050
팩스	(02) 336-4055
이메일	plan@theposslab.kr

ISBN 979-11-975290-3-0   04300